Pusteblume

Das Sachbuch 4

Neubearbeitung

Herausgegeben von
Dieter Kraft

Erarbeitet von
Dirk Breede
Dieter Kraft
Tim Posselt
Regina Stolte
u. a.

Schroedel
westermann

Inhalt

Technik

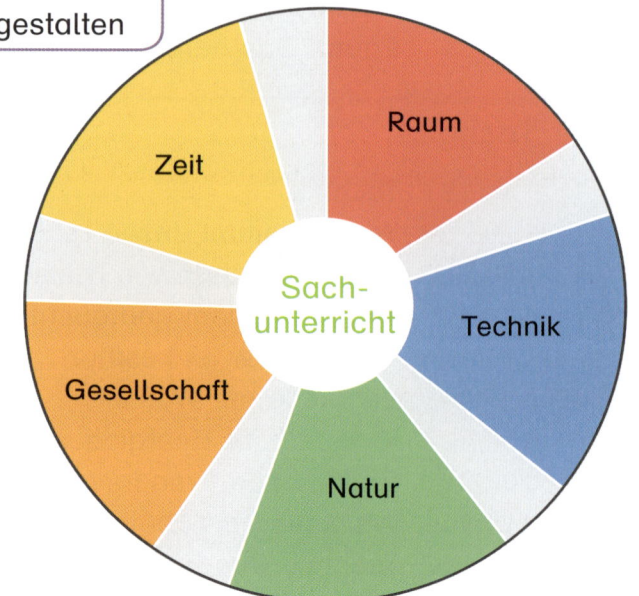

Methoden-Werkstatt

So arbeitest du mit den Methoden-Seiten:

Lies die Texte. Die Bilder helfen dir, die Anleitungen zu verstehen.

M 1 Bilder vergleichen

M 2 Informationen sammeln und verarbeiten

M 3 Mit einem Lexikon arbeiten

M 4 Vögel nach Merkmalen bestimmen

M 5 Einen kopierten Text auswerten

M 6 Entfernungen auf Landkarten messen

M 7 Mit Lernkarten arbeiten

M 8 Ein Referat vorbereiten

M 9 Ein Referat halten

M 10 Rückmeldungen geben und annehmen

M 11 Ein Diagramm zeichnen

M 12 Diagramme auswerten

M 13 Ergebnisse darstellen

M 14 Ergebnisse präsentieren

M 1 Bilder vergleichen

1 Durch das Vergleichen von Bildern kannst du Entwicklungen erkennen. Unterteile die Bilder in Vorder- und Hintergrund.

2 Achte auf Bildunterschriften. Oft geben sie an, wo und wann die Bilder entstanden sind.

Brandenburger Tor 1988

Brandenburger Tor 2014

3 Suche nach Merkmalen, die sich vergleichen lassen. Trage diese in eine Tabelle ein.

Vergleichsmerkmal	1988	2014
Art der Abbildung	Foto: farbig	Foto: farbig
Aussehen des Brandenburger Tores	Vor dem Brandenburger Tor warnt ein Schild an der Berliner Mauer die Besucher. Der Durchgang ist versperrt.	Die Berliner Mauer ist abgebaut. Auf der Straße fahren Autos. Der Durchgang ist geöffnet.

4 Werte den Vergleich aus. Nenne Gemeinsamkeiten und Unterschiede.

▶ Arbeitsheft: Seite 5

M 2 Informationen sammeln und verarbeiten

1 Informationen werden oft aus Büchern entnommen, durch das Befragen von Fachleuten eingeholt oder über das Internet gesammelt.

2 Im Beispiel geht es um das Thema „Burgen".

3 In der Bücherei wird in einem Schlagwort-Katalog nach Büchern zum Thema gesucht. Im Internet wird in einer Suchmaschine der Begriff eingegeben.

4 Benutze im Internet die Suchworte „Burg" und „Burgen". Vergleiche die Suchergebnisse.

5 Ob die Inhalte informativ und richtig sind, lässt die Suchmaschine nicht erkennen. Daher sollten die Informationen verglichen werden.

Hinweis: Viele Internetadressen sind ständig verfügbar. Die Inhalte werden in der Regel aktualisiert. Manche Internetadressen werden verändert oder gelöscht.

M 3 Mit einem Lexikon arbeiten

1 Ein Lexikon ist ein Nachschlagewerk, das alphabetisch geordnet Fachbegriffe auflistet.

2 Neben der Form als Buch gibt es Lexika auch online im Internet. Oft sind deren Texte für Kinder schwer zu verstehen.

3 Im Buchlexikon wird zuerst der Anfangsbuchstabe gesucht. Danach wird der gesuchte Begriff nach den Stichwörtern weiter eingegrenzt.

4 Bei digitalen Nachschlagewerken wird der Suchbegriff ähnlich wie in einer Suchmaschine eingegeben. Der Computer ruft direkt den Begriff auf.

5 In Buchlexika wie in digitalen Nachschlagewerken gibt es Verweise (Links) auf verwandte Begriffe. Meistens sind diese durch Fettdruck oder eine andere Farbe hervorgehoben.

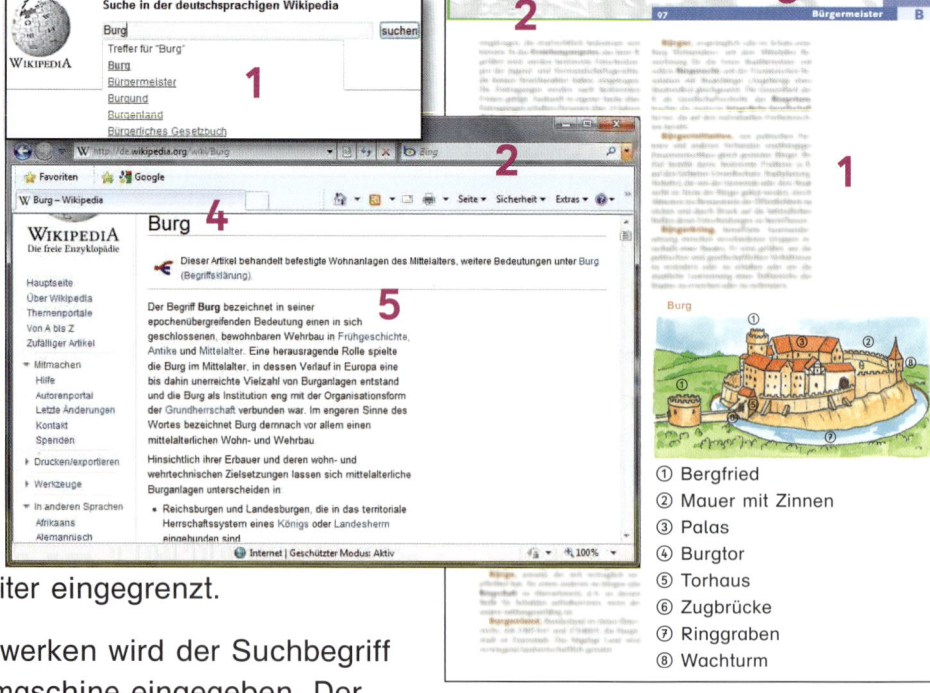

M4 Vögel nach Merkmalen bestimmen

1 Zum Bestimmen von Vogelarten müssen die Vögel genau beobachtet werden, um unterschiedliche Merkmale zu erfassen.

2 Wichtige Merkmale sind: Länge (Größe), Gefieder, Schnabel, Beine und Lebensraum.

3 Um die Größe von Vögeln zu bestimmen, werden bekannte Vogelarten zum Vergleich genutzt.

4 Der Lebensraum, in dem der Vogel beobachtet wurde, wird zugeordnet und notiert.

5 Auf folgender Internetseite kannst du Vögel online nach Merkmalen bestimmen:
www.nabu.de/naturerleben/onlinevogelfuehrer

6 Lege eine Tabelle an. Notiere darin die Vögel, die du bestimmen konntest.

Name	Lebensraum	Größe	Gefieder	Schnabel	Beine

Haussperling (Spatz)	Amsel
Länge: 14–15 cm	♀ ♂ Länge: 24–25 cm
Spannweite: 21–25 cm	Spannweite: 34–39 cm
Ringeltaube	**Stockente**
Länge: 41–45 cm	♀ ♂ Länge: 50–65 cm
Spannweite: 75–80 cm	Spannweite: 81–99 cm

Lebensraum	
Städte und Gemeinden	🟥
Wald	🟩
Acker und Wiese	🟨
Binnengewässer	🟦
Meere und Küsten	🟦
Gebirge	🟫

M5 Einen kopierten Text auswerten

1 Lies den Text auf der Kopie genau.

2 Notiere unbekannte Wörter. Frage nach der Bedeutung der Wörter.

3 Lies den Text noch einmal durch. Textstellen, die wichtig erscheinen, unterstreichst du auf der Kopie mit Bleistift und Lineal.

4 Überlege, welche unterstrichenen Informationen zusammengehören. Wähle für jede Gruppe eine Farbe aus.

5 Unterstreiche die zusammengehörenden Informationen mit der gleichen Farbe. Finde für jede Gruppe eine Überschrift.

Rehe

Männliche Tiere werden Rehbock genannt. Sie tragen ein Geweih. Der Name des weiblichen Tieres ist Ricke. Das Jungtier heißt im ersten Lebensjahr Rehkitz. Im Sommer tragen die Rehe ein rotbraunes Fell. Ihr Aussehen ändert sich im Herbst. Dann tragen sie ihr graubraunes Winterfell. Rehe können bis zu 30 kg schwer und 15 Jahre alt werden. Zum Lebensraum der Rehe gehören Wälder, Waldlichtungen, Wiesen und Felder. Rehe sind Pflanzenfresser. Zur Nahrung gehören Gräser, Kräuter, Knospen, Früchte und die Rinde von Bäumen.

■ Interaktiv im Internet arbeiten, Seite 140/141 ▶ Arbeitsheft: Seite 6, 7

M 6 Entfernungen auf Landkarten messen

1 Auf einer Landkarte wird die Wirklichkeit verkleinert dargestellt. Der Maßstab oder die Maßstabsleiste zeigen das Verkleinerungsverhältnis an.

2 Mithilfe des Maßstabs werden auf der Karte in cm gemessene Strecken in Entfernungen in km umgerechnet.

3 Miss mit dem Lineal die kürzeste Strecke (Luftlinie) zwischen zwei Orten. Lies die Länge in cm ab. (Beispiel: Burgstadt nach Wildhausen = 3 cm.)

4 Miss an der Maßstabsleiste mit dem Lineal ab, wie viele Millimeter oder Zentimeter einem Kilometer entsprechen. (Beispiel: 1 cm = 1 km)

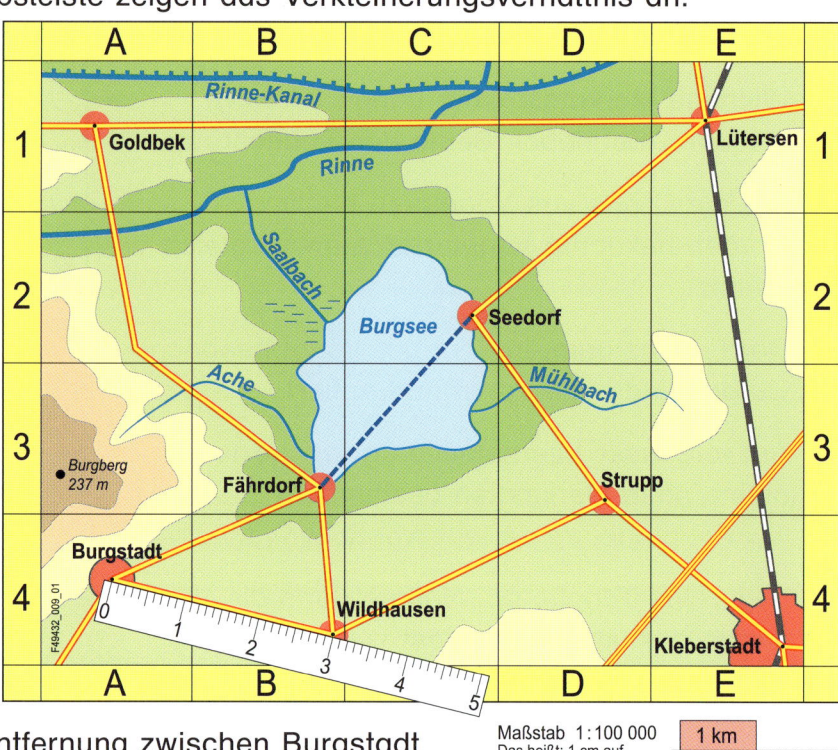

Maßstab 1 : 100 000
Das heißt: 1 cm auf der Karte entspricht 1 km in der Natur.

5 Die Umrechnung ergibt: Die Entfernung zwischen Burgstadt und Wildhausen beträgt 3 km.

M 7 Mit Lernkarten arbeiten

1 Lernkarten sind Hilfsmittel, um sich Gelerntes besser merken zu können. Durch systematisches Wiederholen wird das Gelernte im Langzeitgedächtnis gespeichert.

2 Zum Anlegen der Lernkarten wird stärkeres Papier (120 g bis 200 g) verwendet. Falte ein DIN-A4-Papier viermal. Du erhältst 16 Lernkarten. Schneide sie aus.

3 Schreibe auf die Vorderseite der Lernkarte die Frage und auf die Rückseite die Antwort.

4 Lege Lernkarten zu Themen und Inhalten an, die du dir lange merken möchtest.

5 Die Lernkarten werden in den Fächern eines Karteikastens aufbewahrt.

6 Sortiere alle Karten in Fach 1 ein. Fragen aus Fach 1 bearbeitest du täglich. Richtig beantwortete Fragen kommen in Fach 2. Falsch beantwortete bleiben im Fach 1.

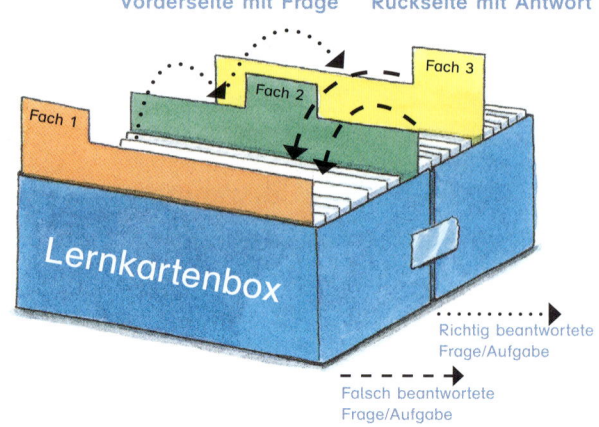

Was ist eine Kemenate?
Vorderseite mit Frage

Eine Kemenate ist das Kaminzimmer einer Burg. Oft wurde es als Schlafzimmer genutzt.
Rückseite mit Antwort

Lernkartenbox

Richtig beantwortete Frage/Aufgabe

Falsch beantwortete Frage/Aufgabe

7 Die Lernkarten aus Fach 2 werden einmal pro Woche bearbeitet. Richtig beantwortete wechseln in Fach 3, falsch beantwortete wieder in Fach 1. Die Lernkarten aus Fach 3 bearbeitest du einmal pro Monat. Falsch beantwortete Karten kommen zurück in Fach 1. Richtig beantwortete Karten werden aussortiert.

▶ Arbeitsheft: Seite 8

M 8 Ein Referat vorbereiten

Ein Referat ist ein kurzer Vortrag zu einem Thema, das dir gestellt wird oder du dir selbst aussuchst. Bei der Vorbereitung sind folgende Schritte zu berücksichtigen:

1 Thema erfassen
- Lies die Aufgabenstellung durch. Sprich den Zeitumfang ab.
- Überlege, was im Referat dargestellt werden soll.
- Gliedere das Thema in Unterthemen (Schwerpunkte).

2 Informationen sammeln
- Informiere dich in Büchern, im Internet, in Lexika.
- Notiere die Quellen, aus denen du dich informierst.
- Nutze nur Informationsmaterial, das du gut verstehst.

3 Informationen ordnen
- Ordne die Informationen den Unterthemen zu.
- Ordne den Unterthemen eventuell Bilder oder Filme zu.
- Lege die Reihenfolge der Unterthemen fest.

4 Informationen auswerten
- Lies die geordneten Informationen genau durch.
- Sortiere doppelte und unwichtige Informationen aus.
- Verzichte auf schwer erklärbare Informationen.

5 Referat ausarbeiten
- Lege für jedes Unterthema (Überschrift) eine Karteikarte an.
- Nummeriere diese in der Reihenfolge der Themen.
- Notiere dazu in Stichworten die wichtigen Informationen.

6 Referat üben
- Sprich dir das Referat (vor einem Spiegel) laut vor.
- Beachte die Zeit, die dir zur Verfügung steht.
- Formuliere kurze und verständliche Sätze.

Im Beispiel soll ein Referat über Dinosaurier vorbereitet werden. Übe an diesem oder einem ähnlichen Thema die Vorbereitung eines Referates.

Zu 1
- **Dinosaurier**, das Referat soll etwa 10 Minuten dauern.
- Einen Überblick über die Dinosaurier geben.
- Was sind Dinosaurier, wann und wo lebten Dinosaurierarten.

Zu 2
- Suchbegriffe im Internet: Dinosaurier: Wissen für Grundschüler
- Informiere dich: www.dinosaurier-interesse.de/web/Kinder1.htlm
  www.planet-wissen.de/geschichte/urzeit/dinosaurier/index.html

Zu 3
- Unterthemen: **Name, Einteilung, Zeitalter der Dinosaurier, Lebensraum, verschiedene Dinosaurier.**
- Die Texte werden gelesen und eventuell ausgedruckt.
- Ein oder zwei passende Bilder und ein Film werden im Internet ausgesucht.

Zu 4
- Vergleiche die Informationen zu den verschiedenen Unterthemen.
- Kläre Fragen. Benutze nur das Material, das du verstehst.
- Wähle nur die wichtigen Informationen aus.

Zu 5
- Lege Karteikarten zu den Unterthemen an.
- Notiere in Stichworten die wichtigen Informationen.
- Bereite Anschauungsmaterial (z. B. ein Plakat) vor.

Zu 6
- Lies dir die Karteikarten mehrmals durch.
- Sprich dir das Referat möglichst frei vor. Beachte die Zeit.
- Benutze das Anschauungsmaterial, z. B.: Zeige Bilder von Dinosauriern, beschreibe die Einteilung der Dinosaurier mithilfe eines Plakates, zeige einen Film über Dinosaurier.

5 *Verschiedene Dinosaurier*

a) Pflanzenfresser
- *Titanosaurus*
- *Stegosaurus*
- *Triceratops*

b) Fleischfresser
- *Tyrannosaurus rex*
- *Eoraptor*
- *Halticosaurus*

M 9 Ein Referat halten

Viele Kinder, die ein Referat halten sollen, sind vorher aufgeregt. Wenn du gut übst und die folgenden Schritte beachtest, kannst du erfolgreich ein Referat halten.

1 Vor dem Referat
- Halte die Karteikarten bereit.
- Lege oder hänge das Anschauungsmaterial aus (z. B. Plakat).
- Prüfe technische Hilfsmittel (PC, Beamer, Overheadprojektor).
- Sorge dafür, dass der Raum vorher gut gelüftet wurde.

2 Zu Beginn des Referates
- Begrüße die Zuhörer freundlich und stelle dich vor.
- Stelle das Thema des Referates vor.
- Teile den Zuhörern die Gliederung des Referates mit.
- Informiere die Zuhörer, ob Zwischenfragen erlaubt sind.
- Wecke das Interesse der Zuhörer, z. B. durch ein Bild.

3 Während des Referates
- Sprich laut, deutlich, langsam und möglichst frei.
- Lege kurze Pausen ein und halte Blickkontakt zum Publikum.
- Vermeide lange Sätze, schwere Fachausdrücke, Fremdwörter.
- Halte dich an deine Planung und beachte die Zeit.
- Formuliere zum Schluss eine kurze Zusammenfassung.

4 Nach dem Referat
- Bedanke dich bei den Zuhörern für die Aufmerksamkeit.
- Gib den Zuhörern die Möglichkeit, Fragen zu stellen.
- Bitte die Zuhörer um Rückmeldungen zu deinem Referat.

M 10 Rückmeldungen geben und annehmen

Rückmeldungen, auch Feedback genannt, sollen für den, der sie erhält, hilfreich sein. Das setzt voraus, dass Rückmeldungen willkommen sind und man sich gegenseitig vertraut und respektiert. Bei Rückmeldungen sollten folgende fünf Regeln beachtet werden:

Rückmeldung geben

1 Gib deine Rückmeldung nach Möglichkeit durch „ICH-Botschaften".
B.: „Ich konnte beobachten, dass …"
  „Ich finde, dass du gut …"

2 Nenne zunächst das Gelungene (Referat, Plakat).
B.: „Ich fand richtig toll, wie du …"

3 Beschreibe die Leistung offen und ehrlich, aber bewerte sie nicht.
B.: „Mir ist aufgefallen, dass …"

4 Bleibe bei der Rückmeldung sachlich und werde nicht persönlich.
B.: „Ich konnte nicht genau …"

5 Unterbreite anstelle von Kritik Verbesserungsvorschläge.
B.: „Vielleicht könntest du …"

Rückmeldung annehmen

1 Höre bei der Rückmeldung genau zu.

2 Zuhören heißt: In Ruhe ausreden lassen und sich nicht zu rechtfertigen oder zu verteidigen.

3 Frage allerdings sofort nach, wenn dir etwas unklar an der Rückmeldung ist.
B.: „Meinst du, dass …?"
  „Habe ich richtig verstanden, …?"

4 Überlege, welche Hinweise und Tipps der Rückmeldung dir helfen.

5 Bedanke dich zum Schluss für die Rückmeldung.
B.: „Vielen Dank für die Rückmeldung und die nützlichen Hinweise."
  „Danke für die hilfreichen Tipps."

M 11 Ein Diagramm zeichnen

1 Diagramme stellen Zahlen übersichtlich dar. Die Werte lassen sich leichter als in Tabellen vergleichen und auswerten. Vergleiche!

2 Diagramme, in denen die Säulen senkrecht angeordnet sind, heißen **Säulendiagramm**.

3 Mit einem Geodreieck oder Lineal wird unten eine waagerechte Linie und links daran eine senkrechte Linie gezeichnet.

4 An der senkrechten Linie wird die Skala mit den Zahlwerten eingetragen.
Im Beispiel: 1 Kästchen = 50 000 Einwohner

5 An der waagerechten Linie werden die Namen der Städte aus der Tabelle eingetragen.

6 Nun werden die **Säulen** für jeden Zahlwert eingezeichnet und farbig hervorgehoben.

7 Zuletzt wird eine Überschrift notiert.

Die größten Städte Niedersachsens (Einwohnerzahlen gerundet)	
Hannover	530 000
Braunschweig	250 000
Oldenburg	170 000

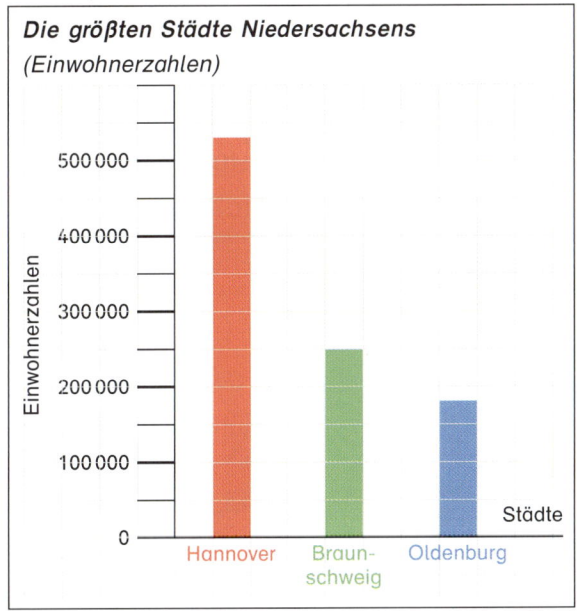

Die größten Städte Niedersachsens
(Einwohnerzahlen)

M 12 Diagramme auswerten

Zahlen und Informationen werden zum schnellen Ablesen in Diagrammen dargestellt.
Absicht und Ziel des Diagramms bestimmen die Form und Art der Darstellung.

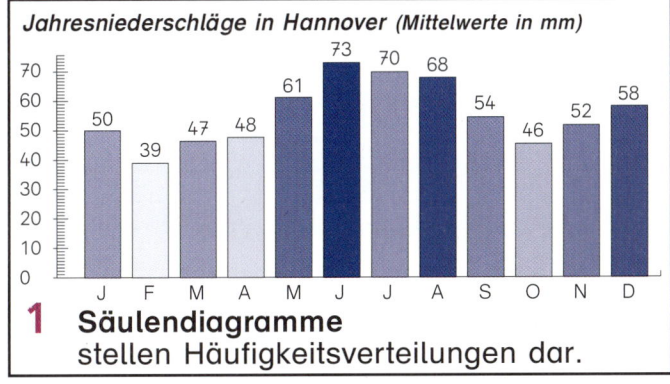

1 **Säulendiagramme**
stellen Häufigkeitsverteilungen dar.

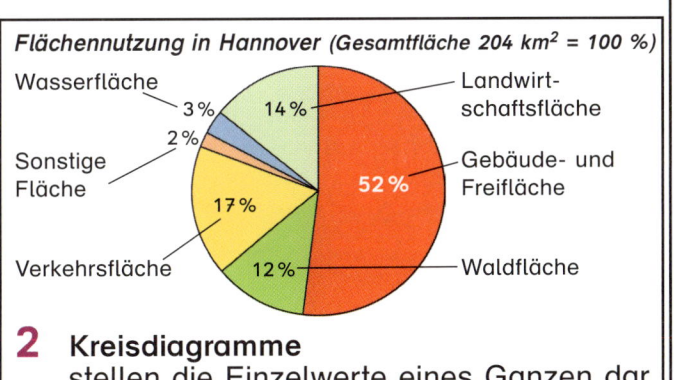

2 **Kreisdiagramme**
stellen die Einzelwerte eines Ganzen dar.

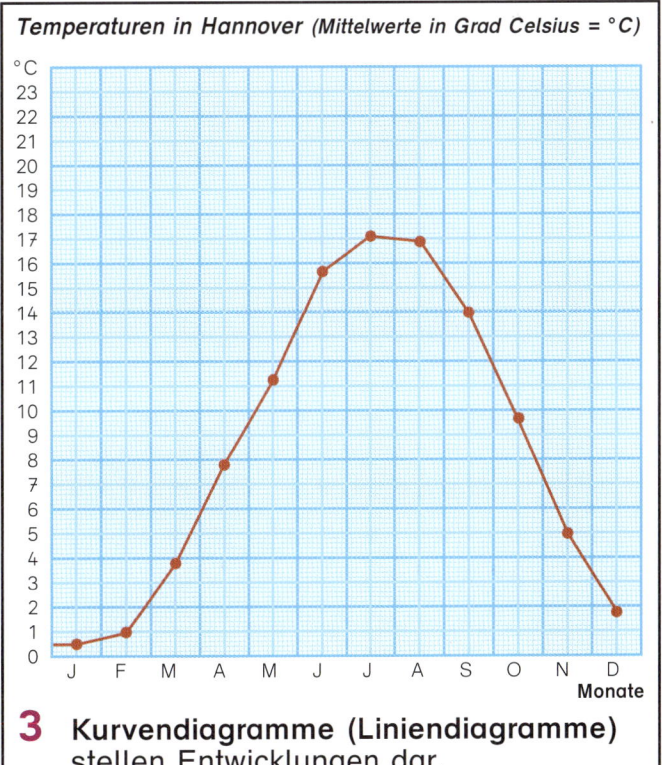

3 **Kurvendiagramme (Liniendiagramme)**
stellen Entwicklungen dar.

▶ Arbeitsheft: Seite 9

M 13 Ergebnisse darstellen

Wenn du dich über Tiere oder Pflanzen, über eine Region, ein Land oder geschichtliche Ereignisse informieren willst, solltest du vorher überlegen, wie du deine Ergebnisse darstellen willst.

In Deutschland lebten im Jahr 2017 ungefähr 83 Millionen Menschen. Die Hauptstadt von Deutschland ist Berlin. Viele Sehenswürdigkeiten der Hauptstadt wie das Brandenburger Tor sind weltweit bekannt.

1 **Texte** und **Protokolle** beschreiben einzelne Sachverhalte genau.

2 **Bilder**, **Zeichnungen**, **Skizzen** und **Karten** veranschaulichen Texte.

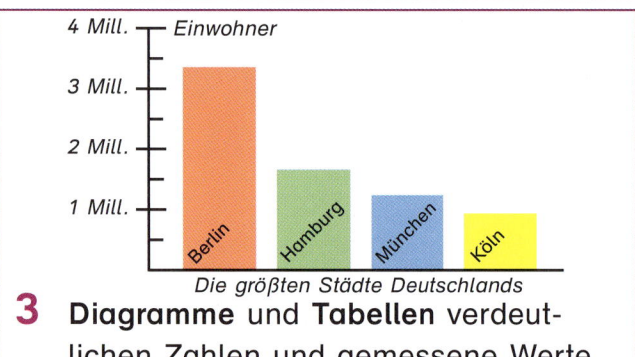

Die größten Städte Deutschlands

3 **Diagramme** und **Tabellen** verdeutlichen Zahlen und gemessene Werte.

Der Berliner Bär ist seit dem Jahr 1280 Berlins Wappentier.

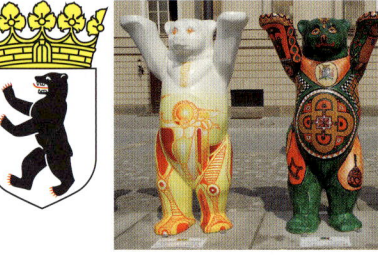

4 **Materialien** und **Modelle** zeigen, wie etwas aussieht oder funktioniert.

M 14 Ergebnisse präsentieren

Beim Präsentieren werden Informationen anschaulich dargestellt. Es ist wichtig, das Interesse der Zuschauer zu wecken und Inhalte in der richtigen Darstellungsform zu finden.

1 Plakate, Wandzeitungen, Themenhefte bieten Texte, Fotos, Grafiken.

2 In Referaten werden Ergebnisse mündlich präsentiert.

3 „Bildschirmpräsentationen" zeigen Texte, Bilder usw. über einen Beamer.

4 Ausstellungen zeigen alle Darstellungs- und Präsentationsformen.

▶ Arbeitsheft: Seite 9, 10

Natur

Der Wald ist ein vielseitiger Lebensraum. Finde heraus, welche Nahrungsbeziehungen im Wald bestehen. Begründe, warum der Wald nützlich ist und geschützt werden muss.

Beobachtungen von Pflanzen und Tieren sind ein Beitrag zum Naturschutz. Finde heraus, wie man sich beteiligt und was zu beachten ist.

In und am Teich leben viele Pflanzenarten. Wodurch unterscheiden sich Sumpfpflanzen von Schwimmblattpflanzen?

- ● M1 Bilder vergleichen
- ● M2 Informationen sammeln und verarbeiten
- ● M3 Mit einem Lexikon arbeiten
- ● M4 Vögel nach Merkmalen bestimmen
- ● M7 Mit Lernkarten arbeiten

- ● M8 Ein Referat vorbereiten
- ● M9 Ein Referat halten
- ● M13 Ergebnisse darstellen
- ● M14 Ergebnisse präsentieren

Pflanzen und Tiere des Waldes

Hirsch

Ein Wald besteht nicht nur aus Bäumen. Er bietet auch vielen anderen Pflanzen, zum Beispiel Sträuchern, Kräutern, Farnen und Moosen, gute Lebensbedingungen. In den verschiedenen Waldtypen (z. B. Kiefernwald, Mischwald) wachsen unterschiedliche Pflanzenarten. Welche, das hängt von den Böden, ihren Nährstoffen und Wasservorräten ab. Eine Rolle spielt ebenso die Lichtmenge, die durch die Baumkronen auf den Boden gelangt. Auch die Anzahl der Waldtiere, die manche Pflanzen besonders gerne fressen, beeinflusst das Wachstum und die Vermehrung der Pflanzen. Alle Waldpflanzen sind an ihren jeweiligen Waldtyp angepasst. Mehr als 2000 Tierarten können im Wald leben, die meisten davon im Waldboden. Einige Tierarten bevorzugen sonnige Waldlichtungen, andere die schattigen Bereiche.

1 Schreibe auf, wodurch das Vorkommen von Waldpflanzen bestimmt wird.

2 Gestalte ein Plakat über ein Tier oder eine Pflanze des Waldes. Informiere dich in Büchern und im Internet.

Waldameise   Eiche

Eichenwickler sind Schmetterlinge. Die Weibchen legen etwa 50 bis 60 Eier an Zweigen oder Blättern der Eiche ab. Im Frühjahr schlüpfen die Raupen. Sie ernähren sich von Eichenblättern. Später spinnen sich die Raupen in den Eichenblättern ein und verpuppen sich. Aus den Puppen schlüpfen die Falter.

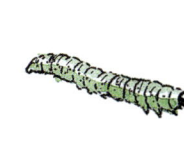

Eichenwicklerraupe

Blaumeisen leben in Laub- und Mischwäldern. Ihre geringe Größe und Gewicht ermöglicht ihnen, im dichten Geäst zu fliegen und sich an Zweige und Blätter zu hängen. Deshalb finden Blaumeisen dort versteckte Insekteneier, Raupen und andere Insektenlarven. Blaumeisen sind an das Leben in den Baumkronen und Büschen gut angepasst.

Blaumeise

Eichhörnchen ernähren sich hauptsächlich von Nüssen, Eicheln, Bucheckern und Samen der Fichten- und Tannenzapfen. In ihren Nestern, den Kobeln, verstecken sie sich und ihre Jungen vor ihren Feinden, z. B. dem Habicht und dem Baummarder.

Eichhörnchen

Baummarder sind Waldbewohner. Sie können sehr gut klettern und bis zu vier Meter weit springen. Den Tag verbringen sie in Nestern, Baumhöhlen oder verlassenen Kobeln. Nachts gehen sie auf Nahrungssuche. Ihre Hauptnahrung sind kleine Säugetiere (Eichhörnchen, Mäuse), Vögel und Vogeleier. Gern fressen sie auch Früchte und Nüsse.

Baummarder

Spechte haben einen kräftigen Schnabel, Kletterfüße mit scharfen Krallen und einen Stützschwanz. Deshalb finden sie Halt an den Baumstämmen und können dort Löcher in das Holz meißeln. Mit der mit Widerhaken besetzten Zunge ziehen die Spechte holzbewohnende Insekten aus ihrem Versteck und fressen sie. Zur Brutzeit zimmern Spechte ihre Bruthöhlen in alte Baumstämme.

Buntspecht

3 Notiere die Namen der Tiere und ihre Anpassungen an den Lebensraum Wald.

■ Interaktiv im Internet arbeiten, Seite 140/141   ○ Lernsoftware: Nr. 30, 31

Nahrungsbeziehungen im Wald

Habicht

Mit seinen kurzen Flügeln und dem langen Schwanz kann der Habicht schnell und wendig fliegen. Er ist gut an den Lebensraum Wald angepasst und jagt zwischen Bäumen und Sträuchern hauptsächlich Vögel und kleine Säugetiere. Er greift und tötet sie mit den Füßen (Fängen).

Im Wald ist jede Tier- und jede Pflanzenart für die Lebensgemeinschaft wichtig. Denn jedes Lebewesen bekommt seine Nahrung aus dem Wald und dient gleichzeitig selbst als Nahrung für andere Lebewesen. Ein Beispiel: Das Eichenblatt wird von der Raupe des Eichenwicklers gefressen. Diese Raupe dient der Blaumeise als Futter. Die Blaumeise dient dem … Solche Nahrungsbeziehungen bezeichnet man als Nahrungskette.

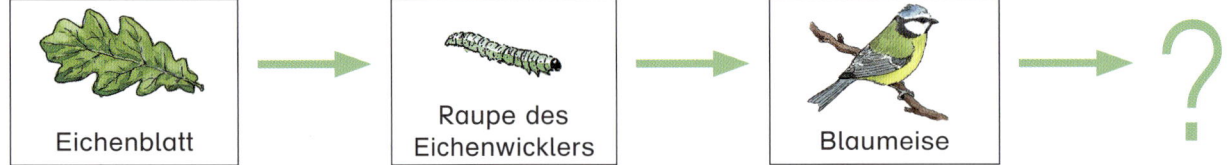

| Eichenblatt | → | Raupe des Eichenwicklers | → | Blaumeise | → | ? |

Das Zeichen ⟶ bedeutet: „wird gefressen von".

Werden Nahrungsketten miteinander verbunden, entsteht ein Nahrungsnetz.

1 Die Abbildung zeigt ein Nahrungsnetz. Nenne Nahrungsketten, die miteinander verbunden sind.

■ Pflanzen und Tiere des Waldes, Seite 14/15
► Arbeitsheft: Seite 11, 12

○ Lernsoftware: Nr. 34

Der Wald als Holzlieferant

Nadelwald

Mischwald

Laubwald

Den Wald zu nutzen, gleichzeitig aber zu schützen, das ist eine wichtige und schwierige Aufgabe. Förster betreiben heute eine naturnahe Waldwirtschaft, um den Wald gegen Windbruch, Krankheiten und ungünstige Witterungsverhältnisse widerstandsfähig zu machen. Deshalb wandeln sie die früher gepflanzten reinen Nadelwälder und Laubwälder immer mehr zu Mischwäldern um. Dort stehen verschiedene Laubbäume und Nadelbäume zusammen. Unter den älteren Bäumen wachsen junge Bäume heran. Auch für Sträucher und seltenere Baumarten, deren Holz nicht genutzt werden kann, ist Platz.

Bei allen Arbeiten müssen die Förster an die Zukunft des Waldes denken. Die wichtigste Regel für die Waldnutzung ist, nur so viel Holz zu fällen, wie gleichzeitig wieder nachwächst.

Bei der Holzernte werden nur einzelne, schlagreife, 80 bis 180 Jahre alte Bäume gefällt. Immer häufiger wird dazu ein Holzvollernter eingesetzt. Er fällt die Bäume, zieht sie mit seinem Kran in die Arbeitsgasse, schneidet die Äste ab und zerlegt die Stämme. Bei allen Arbeiten muss darauf geachtet werden, den Boden und die umgebenden Bäume nicht zu schädigen.

Nun kann das Holz in Sägewerken, Fabriken und Schreinereien zu Bauholz, Möbeln oder für die Papierherstellung verwendet werden.

1 Beschreibe die naturnahe Waldwirtschaft.

2 Erkläre den Begriff „Holzvollernter".

Holzvollernter

Holzstämme – fertig für den Transport

Im Sägewerk

■ Der Wald – ein vielseitiger Lebensraum, Seite 18/19

Der Wald – ein vielseitiger Lebensraum

Wind- und Lärmschützer
Wälder schützen Dörfer vor Wind und Lärm.

Lebensraum für Tiere und Pflanzen
Viele Tiere und Pflanzen brauchen den Wald als Lebensraum.

Freizeitort
Die freie Natur und die gute Luft machen den Wald zu einem wertvollen Freizeitort.

Wasserspeicher
Der Waldboden speichert Wasser und reinigt es, bevor es ins Grundwasser versickert.

Sauerstoffspender
Die Blätter der Bäume geben lebenswichtigen Sauerstoff an die Luft ab.

Staubfänger
Auf den Blättern und Nadeln sammelt sich Schmutz aus der Luft.

Holzlieferant
Die Stämme der Bäume sind Rohstoffe für die Holz- und Papierindustrie.

Arbeitsplatz
Förster, Waldarbeiter, Arbeiter in Sägewerken, Möbelfabriken und im Handwerk verdanken dem Wald ihren Arbeitsplatz.

Bodenschützer
Die Wurzeln der Bäume, Sträucher und Kräuter halten den Erdboden des Waldes fest. So können Regen und Wind ihn nicht forttragen.

Baumschicht

Strauchschicht

Krautschicht

Moos- oder Bodenschicht

Wurzelschicht

● M 2 Informationen sammeln und verarbeiten, Seite 6
● M 3 Mit einem Lexikon arbeiten, Seite 6

▪ Pflanzen und Tiere des Waldes, Seite 14/15
▪ Nahrungsbeziehungen im Wald, Seite 16

Die Bäume im Wald bilden mit anderen Pflanzen, Pilzen und Tieren eine Lebensgemeinschaft. Alle sind aufeinander angewiesen. Der Wald wird in fünf Schichten unterteilt:

Die **Wurzelschicht** ist der unterirdische Teil des Waldbodens, der von Pflanzen durchwurzelt wird. Hier leben Tausendfüßer und Regenwürmer.

Die **Moos- oder Bodenschicht** bedecken Moose, Flechten, Pilze und abgestorbenes Laub. Hier lebt eine Vielzahl von Kleinlebewesen wie Asseln, Spinnen, Insekten und Schnecken. Auch kleine Säugetiere wie Igel oder Mäuse finden hier Unterschlupf.

Die **Krautschicht** wird von Gräsern, Farnen und Kräutern gebildet. Hier kann man auch Käfer, Schmetterlinge und Bienen beobachten. Die Krautschicht bietet Nahrung für das Wild.

In der **Strauchschicht** findet man Sträucher, zum Beispiel Haselnuss, Weißdorn und Holunder. In den Sträuchern bauen viele Singvögel ihre Nester.

Die **Baumschicht** bilden die Baumkronen der Laub- und Nadelbäume. Sie bieten vielen Tieren Lebensraum. Marder, Eichhörnchen, Greifvögel, Spechte, Eulen haben dort ihre Nester oder Bruthöhlen.

Ein Drittel der Fläche Deutschlands wird von Wäldern bedeckt. Vor einigen Jahrzehnten führte die starke Luftverschmutzung zum Sterben vieler Bäume und ganzer Wälder. Hauptverursacher war der „Saure Regen". Er entsteht, wenn sich giftige Abgase von Kraftfahrzeugen, Industrie, Haushalten und Landwirtschaft mit Regenwolken mischen. Die Abgase machen den Boden sauer wie Essig.

1 Beschreibe die verschiedenen Funktionen des Waldes.

2 Nenne Handwerksberufe, die Holz für ihre Arbeit benötigen.

3 Begründe, warum der Wald nützlich ist.

Gefahren durch Zecken

Zecken leben im Gras oder an Sträuchern. Zecken sind Blut saugende Gliedertiere, die gefährliche Krankheiten übertragen können. **So kannst du dich schützen:**

① Hautabdeckende Kleidung, Kopfbedeckung, Strümpfe und geschlossene Schuhe tragen.

② Helle Kleidung tragen, darauf sieht man die Zecken besser.

③ Nicht durch dichtes Gebüsch oder hohes Gras laufen.

④ Mit einem gegen Zecken wirkenden Mittel einreiben.

⑤ Nach dem Aufenthalt im Wald den ganzen Körper gründlich nach Zecken absuchen.

⑥ Was tun nach einem Zeckenbiss? Informiere sofort deine Eltern. Sie sorgen dafür, dass die Zecke entfernt wird. Wenn sich die Einstichstelle stark rötet oder Fieber oder Kopfschmerz auftreten, unbedingt einen Arzt aufsuchen.

Gewässer – vielseitige Lebensräume

Bach

Fluss

In Deutschland gibt es viele Gewässer: Gräben, Bäche, Flüsse, Kanäle, Teiche und Tümpel, Seen sowie Talsperren. Fast alle Bäche und Flüsse fließen dem Meer zu.
Tümpel sind kleine stehende Gewässer von nur geringer Tiefe. Im Sommer trocknen sie regelmäßig aus. Seen hingegen sind über zwei Meter tief und so groß, dass die gesamte Fläche nicht von Pflanzen besiedelt werden kann. Gräben, Kanäle, Teiche und Talsperren sind keine natürlichen Gewässer. Sie wurden von Menschen angelegt.
Wasser ist unser wichtigstes Lebensmittel und das einzige, das nicht ersetzt werden kann. Menschen, Tiere und Pflanzen sind auf sauberes Wasser angewiesen. Die Verschmutzung von Gewässern kann die Gesundheit von Menschen und das Leben von Pflanzen und Tieren gefährden.

Gewässer bieten Tieren und Pflanzen viele Lebensräume.

1 Informiert euch, welche Gewässer es in eurer Umgebung gibt. Unterscheidet fließende und stehende Gewässer.

See

Tümpel

Miniteich

Das Leben im Wasser könnt ihr auch auf dem Schulgelände beobachten. Dazu müsst ihr an einer geeigneten Stelle einen Maurerkübel in den Boden eingraben und mit Wasser füllen. Legt an den Rand ein paar Steine und schon ist euer Miniteich fertig. Stellt noch ein Brett oder einen dickeren Ast hinein. Dann können sich Tiere, die versehentlich hineinfallen, aus dem Wasser retten. Beobachtet euren Miniteich in regelmäßigen Abständen.

● M 2 Informationen sammeln und verarbeiten, Seite 6

Pflanzen im und am Teich

Am Ufer und im Wasser eines Teiches sind verschiedene Formen von Pflanzen zu beobachten: Sumpfpflanzen, Schwimmblattpflanzen, Schwimmpflanzen und Tauchblattpflanzen. Die Pflanzen sind gut an die verschiedenen Bereiche des Teiches angepasst. Die Gelbe Schwertlilie ist eine **Sumpfpflanze**. Sumpfpflanzen wachsen am Rand von Gewässern, wo der Boden nass oder feucht ist. Sie vertragen die Nässe, aber auch zeitweise das Austrocknen des Bodens. Auf dem Wasser schwimmen die Blätter und Blüten der Teichrose. Meterlange Stiele verbinden Blüten und Schwimmblätter mit der Wurzel im Bodengrund des Teiches. Die Teichrose ist eine **Schwimmblattpflanze**. Wasserlinsen sind **Schwimmpflanzen**. Sie schwimmen frei auf der Wasseroberfläche. **Tauchblattpflanzen** wie die Wasserpest sind im tieferen Wasser zu finden. Sie wachsen vollständig untergetaucht im Wasser.

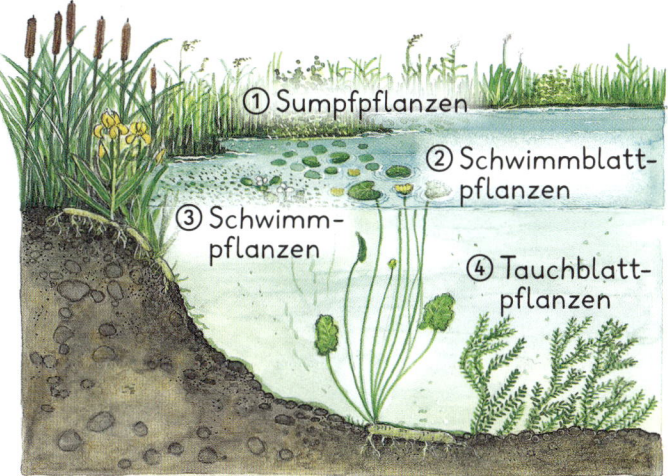

① Sumpfpflanzen
② Schwimmblattpflanzen
③ Schwimmpflanzen
④ Tauchblattpflanzen

Schilf

Gelbe Schwertlilie

Rohrkolben

Teichrose

Seerose

Wasserknöterich

Wasserpest

Hornblatt

1 Betrachte die Grafik und die Fotos. Ordne die abgebildeten Pflanzenarten den verschiedenen Pflanzenformen zu. Lege Lernkarten zu den Pflanzenformen an und arbeite damit.

● **M 7 Mit Lernkarten arbeiten, Seite 8**
■ Tiere im Lebensraum Teich, Seite 22/23
■ Nahrungsbeziehungen im Teich, Seite 24

▶ Arbeitsheft: Seite 13
○ Lernsoftware: Nr. 35

Tiere im Lebensraum Teich

① Libelle, ② Stockente, ③ Wasserläufer, ④ Mücken, ⑤ Teichfrosch, ⑥ Teichrohrsänger,

⑦ Teichmolch, ⑧ Posthornschnecke, ⑨ Käferlarve, ⑩ Rückenschwimmer, ⑪ Mückenlarven,

⑫ Moderlieschen, ⑬ Gelbrandkäfer, ⑭ Schlammschnecke, ⑮ Stichling, ⑯ Libellenlarve,

⑰ Kaulquappen, ⑱ Wasserspitzmaus

An einem See oder an einem Teich gibt es viel zu beobachten. Größere Tiere wie Stockenten, aber auch Libellen sind leichter zu entdecken als kleinere Tiere, die sich auf der Wasseroberfläche oder dicht darunter aufhalten. Um diese zu beobachten, muss man ganz genau hinsehen. Dann erkennt man manchmal Rückenschwimmer oder Gelbrandkäfer, die ihren Hinterleib aus dem Wasser strecken, um Atemluft aufzunehmen.

1 Benenne die Tiere in der Abbildung und beschreibe, wo sie sich aufhalten.

2 Ordne die Tiere den einzelnen Tiergruppen von Seite 23 zu.

Übrigens

In und an Gewässern leben von vielen Insektenarten die Larve und das fertige Insekt. Die Larven leben im Wasser und sehen völlig anders aus als das fertige Insekt.

Larve

Gelbrandkäfer

Mosaikjungfer

Larve

● M 7 Mit Lernkarten arbeiten, Seite 8

■ Nahrungsbeziehungen im Teich, Seite 24
■ Beobachtungen von Tieren und Pflanzen im Wasser, Seite 25

Die Tiere des Lebensraumes Teich lassen sich verschiedenen Tiergruppen zuordnen:

Säugetiere
- Säugetiere erkennt man an ihrem Fell.
- Die meisten Säugetiere haben vier Beine.
- Säugetiere bringen lebende Junge zur Welt. Sie säugen ihre Jungen.

Wasserspitzmaus

Vögel
- Vögel erkennt man an ihren Federn.
- Vögel haben zwei Beine, zwei Flügel und einen Schnabel.
- Die meisten Vögel können fliegen.
- Alle Vögel legen Eier.

Blässhuhn

Amphibien (Lurche)
- Amphibien leben im Wasser und an Land.
- Amphibien haben eine feuchte, glatte Haut.
- Amphibien atmen mithilfe ihrer Lungen und über die Haut.
- Amphibien legen ihre Eier im Wasser ab.

Teichmolch

Fische
- Fische leben im Wasser. Der Körper ist meist stromlinienförmig.
- Fische haben Flossen. Ihre Haut ist normalerweise mit Schuppen bedeckt.
- Die meisten Fische atmen durch Kiemen und legen Eier.

Moderlieschen

Insekten
- Der Körper der Insekten besteht aus drei Abschnitten: Kopf, Brust und Hinterleib.
- Jedes Insekt hat sechs deutlich gegliederte Beine und zwei oder vier Flügel.
- Fast alle Insekten legen Eier.

Eintagsfliege

Weichtiere
- Weichtiere schützen ihren Körper in der Regel mit einer festen äußeren Kalkschale.
Bei Muscheln wie der Teichmuschel schützen zwei gleich große Schalen den Körper.

Teichmuschel

3 Informiert euch über die Tiergruppen. Lest die Texte genau durch.

4 Legt Lernkarten zu den Tiergruppen an. Vergleicht die Gruppen. Nennt Unterschiede.

▶ Arbeitsheft: Seite 14   ○ Lernsoftware: Nr. 40

Nahrungsbeziehungen im Teich

Grünalge → wird gefressen von → Gemeiner Wasserfloh → wird gefressen von → Dreistachliger Stichling

Ein Teich bietet bestimmten Pflanzen und Tieren die Lebensbedingungen, die sie brauchen, um sich dort entwickeln und vermehren zu können. Solch einen Lebensraum nennt man auch Ökosystem. Im Ökosystem Teich leben viele verschiedene Tiere und Pflanzen zusammen. Alle Lebewesen bilden eine Lebensgemeinschaft. Sie sind voneinander abhängig und dienen einander als Nahrung. So werden Grünalgen von Wasserflöhen gefressen und Wasserflöhe von Fischen

gefressen. Diese miteinander verknüpften Nahrungsbeziehungen nennt man eine Nahrungskette.

Fische, zum Beispiel der Stichling, fressen nicht nur Wasserflöhe, sondern auch kleine Schnecken oder Insektenlarven. So ergeben sich weitere Nahrungsketten, die mit anderen Nahrungsketten verknüpft sind. Es entsteht ein Nahrungsnetz.

Das Nahrungsnetz veranschaulicht die Nahrungsbeziehungen im Ökosystem Teich.

Reiher · Hecht · Wasserfloh · Stichling · Grünalgen · Schlammschnecke · Gelbrandkäferlarve · Kaulquappe · Libellenlarve · Frosch

→ wird gefressen von

1 Betrachte das abgebildete Nahrungsnetz. Nenne die Namen der Tiere.

2 Finde verschiedene Nahrungsketten im Nahrungsnetz. Beschreibe sie. Notiere Beispiele.

■ Pflanzen im und am Teich, Seite 21
■ Tiere im Lebensraum Teich, Seite 22/23
► Arbeitsheft: Seite 15
○ Lernsoftware: Nr. 40

Beobachtungen von Tieren und Pflanzen im Wasser

Tipps zum Beobachten und Bestimmen von Pflanzen und Kleintieren

- Ein guter Naturbeobachter hinterlässt keine Spuren.

- Pflanzen dürfen nicht zertreten oder abgerissen werden.

- Tiere dürfen nur vorübergehend gefangen werden.
  Sie dürfen nicht verletzt, gequält oder gar getötet werden.

- Tiere, die gefangen wurden, müssen immer in ein mit Wasser gefülltes Gefäß kommen. Das Gefäß muss in den Schatten gestellt werden.

- Alle Tiere werden nach dem Bestimmen wieder an der Stelle freigelassen, an der sie gefangen wurden.

- Die Gefäße werden knapp über der Wasseroberfläche vorsichtig entleert.

Wir beobachten Wassertiere

1 Füllt zuerst etwas Teich- oder Bachwasser in den Eimer.

2 Gebt etwas von dem Wasser in die weiße Plastikschale. Entdeckt ihr Kleintiere?

3 Versucht vorsichtig, mit dem Kescher Tiere aus dem Wasser zu holen. Gebt diese sofort in die Plastikschale.

4 Betrachtet die Tiere mit der Lupe. Versucht die Tierarten mithilfe von Bestimmungsbüchern zu bestimmen.

5 Macht euch Notizen und zeichnet die Tiere.

Lupe · weiße Plastikschalen · Eimer · Kescher · Gläser · Notizblock und Stifte · Bestimmungsbuch

Übrigens

Künstlich angelegte Teiche können sich zu wertvollen Lebensräumen für viele am und im Wasser lebende Tiere entwickeln. Häufig siedeln sich Frösche, Kröten, Molche, Libellen und viele andere Tiere an. Ein Gartenteich bietet außerdem eine gute Gelegenheit zum Entdecken und Beobachten.

Beobachtungen für den Naturschutz

Die Natur bietet Lebensräume für Pflanzen, Tiere und Menschen. Viele Pflanzen- und Tierarten sind inzwischen gefährdet oder vom Aussterben bedroht.

Eine Aufgabe des Naturschutzes ist, die Vielfalt der Natur zu erhalten. Die Lebensräume von Pflanzen und Tieren werden deshalb regelmäßig beobachtet. Förster, Landschaftspfleger und Wissenschaftler stellen fest, welche Pflanzen- und Tierarten in welcher Anzahl in den Lebensräumen vorkommen.

Da die Fachleute diese Aufgaben kaum alleine leisten können, beteiligen sich in den letzten Jahren verstärkt auch Naturfreunde an den Zählungen und melden ihre Ergebnisse an den Naturschutzbund Deutschland (NABU) oder andere Einrichtungen. Je mehr Menschen an den Zählungen teilnehmen, desto genauer sind die Ergebnisse. Die Auswertungen der Beobachtungen helfen dem Naturschutz neue Schutzgebiete auszuweisen, wenn in Naturräumen Straßen oder Windkraftanlagen gebaut werden sollen.

Stunde der Gartenvögel

Seit dem Jahr 2005 führt der Naturschutzbund Deutschland (NABU) die Aktion „Stunde der Gartenvögel" durch. Vogelliebhaber zählen im Januar und im Mai eine Stunde lang mit einer Zählhilfe die Vögel in Gärten oder Parks. Die Ergebnisse melden sie entweder mit einem Formular, per Telefon oder „online" direkt an den Naturschutzbund. Ziel ist es, einen möglichst genauen Überblick über die Verbreitung der einheimischen Vögel zu erhalten.

Um die vielen verschiedenen Vogelarten zu unterscheiden, benötigen die Beobachter Kenntnisse über Namen und Aussehen der Vögel. Bestimmungsbücher oder das Internet helfen beim Bestimmen der Vogelarten.

1 Informiert euch über die Aktion im Internet. Gebt in der Suchmaschine den Begriff „Stunde der Gartenvögel" ein.

2 Öffnet zur Bestimmung der Vögel die Bilder unter „Von Amsel bis Zilpzalp" oder den „Online-Vogelführer".

3 Beteiligt euch an der Vogelzählung.

4 Stellt fest, welche Vögel in diesem Jahr die häufigsten sind. Vergleicht.

Haussperling

Amsel

Ergebnisse der Vogelzählungen		
	Winterzählung 2018	Sommerzählung 2018
1	Haussperling	Haussperling
2	Kohlmeise	Amsel
3	Blaumeise	Kohlmeise
4	Feldsperling	Star
5	Amsel	Feldsperling
6	Elster	Blaumeise
7	Buchfink	Elster
8	Grünfink	Mehlschwalbe
9	Rabenkrähe	Ringeltaube
10	Rotkehlchen	Mauersegler

● M 2 Informationen sammeln und verarbeiten, Seite 6
● M 3 Mit einem Lexikon arbeiten, Seite 6
● M 4 Vögel nach Merkmalen bestimmen, Seite 7

Verhalten bei Naturbeobachtungen

- Ich verhalte mich in der Natur ruhig.
- Ich gehe leise und vorsichtig.
- Ich bleibe immer auf den Wegen.
- Ich betrete fremde Flächen nur mit Erlaubnis.
- Ich halte beim Fotografieren von Tieren genügend Abstand.
- Ich achte beim Fotografieren darauf, dass keine Pflanzen zertreten werden.
- Ich nehme keine Tiere oder Pflanzen mit.
- Ich nehme meine Abfälle wieder mit nach Hause, um sie dort zu entsorgen.

Naturschutzgebiet

Wildpflanzen bestimmen

Zahlreiche Wildpflanzen sind vom Aussterben bedroht. Das liegt oft an der Entwässerung von Feuchtgebieten, starker Düngung und dem Einsatz von Unkrautbekämpfungsmitteln. Manche Wildpflanzen werden auch achtlos zertreten oder gepflückt.
Besonders gefährdete Pflanzen sind in der „Roten Liste" eingetragen. Alle in dieser Liste eingetragenen Arten werden durch Gesetze besonders geschützt. Aber nur, wer die Natur kennt, kann sie auch schützen.

1 Bestimme Pflanzen nach Wuchsart, Farbe, Größe, Blühzeit und Standort.

2 Folgende Internetadresse hilft dabei:
www.pflanzenbestimmung.de

3 Fotografiere unbekannte Pflanzen und bestimme sie danach zu Hause.

Bocks-Riemenzunge

Acker-Rittersporn

Schachbrettblume

Purpur-Knabenkraut

■ Interaktiv im Internet arbeiten, Seite 140/141

Bionik – der Natur abgesehen

Der Begriff Bionik setzt sich zusammen aus **Bio**logie und Tech**nik**. Bionik bedeutet das Lernen von der Natur für die Technik.

Viele Erfindungen der Menschen wurden durch Beobachtungen in der Natur angeregt. Im Alltag gibt es viele Gegenstände, die

B
E
R
E
I
C
H
E

d
e
r

B
I
O
N
I
K

Osagedorn

Spinnennetz

Lotus-Blatt

Vorbilder der Natur

| **Materialien** | **Konstruktionen** | **Oberflächen** |

Erfindungen der Bionik

Stacheldraht

Fischernetz

Autolack

1868 wurde der Stacheldraht erfunden. Die Rinder eines Farmers standen auf Weiden, die von Osagedorn umgeben waren. Durch die Dornen der Büsche blieben die Rinder auf der Weide. Da die Büsche nicht überall wuchsen, erfand der Farmer einen Draht mit Stacheln und zäunte damit die Weiden ein.

Spinnennetze dienten als Vorbilder für einige Erfindungen. Die aus dünnen Fäden bestehenden Netze sind sehr haltbar, leicht und benötigen wenig Material. Nach dem Muster von Spinnennetzen knüpften schon vor langer Zeit Fischer ihre Netze für den Fischfang.

Lotusblätter lassen Wasser abperlen. Dabei reinigen sie sich selbst. Die Blätter sind mit Wachs überzogen und rau. Wasser auf den Blättern formt sich zu Tropfen. Sie perlen ab und nehmen dabei den Schmutz mit. Ähnliche wasserabstoßende Oberflächen haben auch Autolacke oder Waschbecken.

1 Lies den oberen Text auf den Seiten 28 und 29. Erkläre mit eigenen Worten den Begriff „Bionik".

2 Betrachte die Beispiele. Nenne Bereiche, in denen Pflanzen oder Tiere Vorbild für Erfindungen sind.

3 Überlege, für welche Produkte wasser- und schmutzabweisende Oberflächen nützlich sind.

● M 1 Bilder vergleichen, Seite 5
● M 2 Informationen sammeln und verarbeiten, Seite 6
● M 3 Mit einem Lexikon arbeiten, Seite 6
● M 8 Ein Referat vorbereiten, Seite 9
● M 9 Ein Referat halten, Seite 10

nach Vorbildern aus der Natur entstanden. Die Bionik ist eine Methode, um Produkte zu verbessern oder neue zu erfinden.

Fachleute, die Pflanzen und Tiere für die Technik erforschen, nennt man Bioniker.

B
E
R
E
I
C
H
E

d
e
r

B
I
O
N
I
K

Ahornsamen

Fledermaus

Stabheuschrecke

Vorbilder der Natur

Laufen, Schwimmen, Fliegen	**Sensorik, Kommunikation**	**Robotik**

Erfindungen der Bionik

Gyrokopter

Stoßstange mit Sensoren

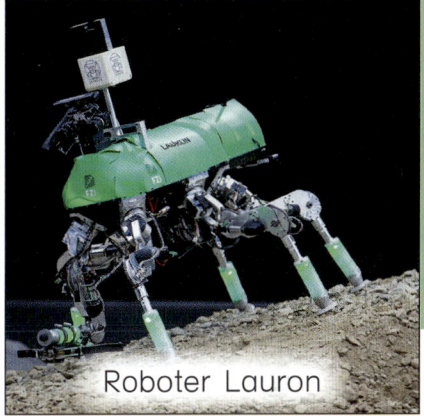

Roboter Lauron

Ahornsamen schweben wie Hubschrauber zu Boden. Dabei entsteht über der oberen Kante des Flügels ein Luftwirbel, der für Auftrieb sorgt. Wind sorgt dafür, dass die Samen auf diese Weise weit fliegen können. Gyrokopter nutzen die gleiche Technik. Der große Rotor wird durch den Fahrtwind gedreht.

Fledermäuse fliegen im Dunkeln. Dabei senden sie ständig Rufe (Schallwellen) aus. Die von Gegenständen reflektierten Schallwellen (Echos) hören sie mit ihren Ohren und nehmen so die Umgebung war. Parksensoren von Autos geben auch Schallwellen ab, registrieren die Echos und melden dann die Abstände an den Bordcomputer.

Stabheuschrecken haben nach außen gestellte Beine. Mit ihnen bewegen sie sich trittsicher auch in schwierigem Gelände. Die Insekten waren Vorbild für Laufroboter. Die Roboter wurden als Rettungsgerät für unwegsame Gelände entwickelt, beispielsweise für die Suche nach Verschütteten.

4 Finde weitere Produkte und Erfindungen der Menschen, bei denen die Natur Vorbild war.

5 Zeichne eine Tabelle. Die Spalten erhalten als Überschrift die Bereiche der Bionik.

6 Ordne in der Tabelle die von dir gefundenen Produkte und Erfindungen den Bereichen zu.

Mischen, lösen, trennen

Gemische im Alltag

Ein Gemisch entsteht, wenn zwei oder mehrere Stoffe miteinander gemischt werden. Viele Stoffe lassen sich mit Wasser mischen. Man unterscheidet zwischen wasserlöslichen und wasserunlöslichen Stoffen. Ein Gemisch, in dem der wasserlösliche Stoff nicht mehr zu sehen ist, heißt Lösung.

1 Beschreibe die Abbildungen. Gib jeweils an, ob es sich um ein Gemisch oder eine Lösung handelt.

2 Finde weitere Beispiele.

Versuche mit wasserlöslichen und wasserunlöslichen Stoffen

Du brauchst: Gläser und Teelöffel, Wasser und Stoffe, die du untersuchen willst

Versuchsdurchführung:

1 Zeichne eine Tabelle (siehe unten). Trage die Stoffe ein, die du untersuchen willst. Vermute und notiere, ob sie sich im Wasser lösen oder nicht.

2 Gib jeweils etwas von den Stoffen in ein Glas Wasser. Beobachte genau.

3 Rühre das Gemisch nun um. Beobachte, was passiert. Trage deine Beobachtung in die Tabelle ein.

4 Lass das Gemisch etwa 5 Minuten ruhig stehen. Sieh es dir dann genau an. Was stellst du fest? Beschreibe und notiere, was du siehst.

5 Vergleiche deine Vermutungen mit deinen Beobachtungen.

6 Untersuche noch weitere Stoffe.

7 Vermute, was sich ändert, wenn du warmes Wasser verwendest. Probiere es aus.

Stoff	Vermutung		Beobachtung		So sieht das Gemisch nach etwa 5 Minuten aus: (klar, trüb, schwimmt, setzt sich ab, ...)
	löst sich	löst sich nicht	löst sich	löst sich nicht	
Salz					

Wo bleibt der Zucker im Tee?

Wie sich Zucker im Teewasser auflöst, kann man in einem Versuch zeigen.

1 Fülle auf einen Teller etwas Wasser.

2 Tropfe auf den Zuckerwürfel etwas Tinte.

3 Lege den Würfel vorsichtig in das Wasser. Beschreibe, was passiert.

Du brauchst: einen weißen Teller, etwas Wasser, einen Zuckerwürfel, etwas Tinte

Reise eines Tintentropfens

Material: ein Glas, Wasser, Speiseöl, Tinte, Pipette

1 Fülle das Glas bis zur Hälfte mit Wasser.
2 Gieße darauf etwa 2–3 cm Öl.
3 Beobachte, wie sich das Öl im Wasser verhält. Was fällt dir auf?

4 Tropfe vorsichtig 3–4 Tropfen Tinte mit der Pipette auf die Öloberfläche.
5 Beobachte die Tropfen etwa 3 Minuten.
6 Skizziere, was du beobachtest. Zeichne drei dieser Gläser und beschrifte sie mit „vor der Reise", „während der Reise" und „nach der Reise".

Salzgewinnung aus dem Meer

Das Gewinnen von Salz aus dem Meer gehört zu den ältesten Verfahren der Salzgewinnung.
Meerwasser wird in flache Becken, auch Salzgärten genannt, geleitet. Unter der Sonneneinstrahlung verdunstet das Wasser. Auf dem Grund der Becken kristallisiert das Salz aus und kann „geerntet" werden.

Verdunsten

In der Chemie und Physik gibt es verschiedene Verfahren, einen in Wasser gelösten Stoff wieder zurückzugewinnen. Mit dem folgenden Versuch kannst du ein Verfahren kennenlernen, wie man in Wasser gelöstes Salz wieder zurückgewinnen kann.

1 Löse einen Teelöffel Salz in einem Glas mit lauwarmem Wasser.
2 Gieße einen Esslöffel des Salzwassers auf einen Teller. Stelle ihn auf eine warme Heizung oder in die Sonne. Schau am nächsten Tag nach, was passiert ist.

Wetterstationen und Wetterberichte

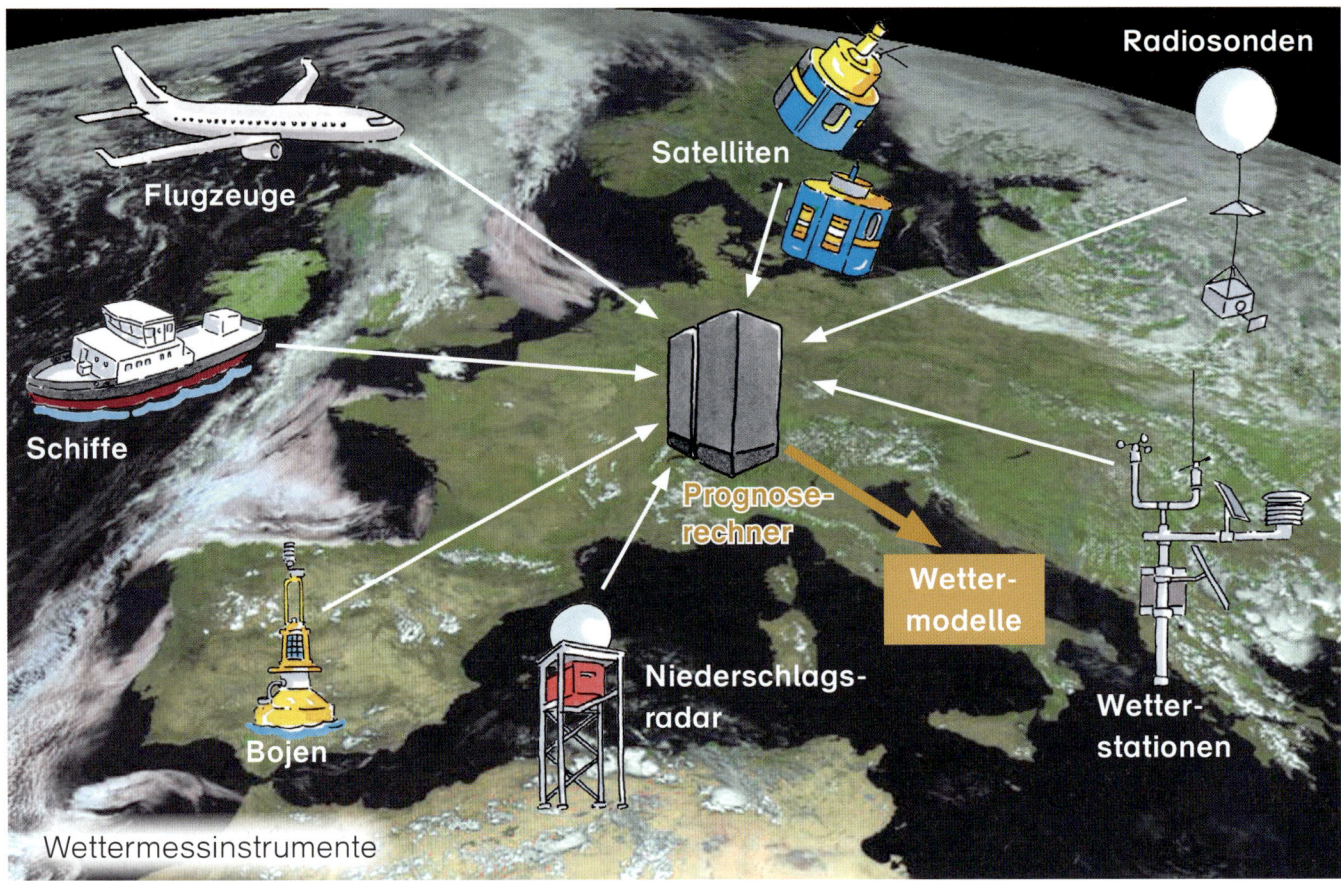

Wettermessinstrumente

Wetterforscher (Meteorologen) erstellen Wettervorhersagen. Dafür benötigen sie sehr viele Daten über das Wetter. Wettermess-stationen sind deshalb über die gesamte Erdoberfläche und im Weltall verteilt, um das Wetter zu beobachten und Wetterdaten zu ermitteln.

Satelliten liefern aus großer Höhe Bilder über das Wettergeschehen über Kontinenten und Ozeanen. Unbemannte Radiosonden und Verkehrsflugzeuge sammeln Wetter-daten in der Atmosphäre.

Handelsschiffe, Passagierschiffe und Wetter-bojen liefern weitere Wetterdaten. Diese sind wichtig, weil die Erde zu zwei Dritteln von Wasser bedeckt ist. Die Meere und Ozeane haben eine große Bedeutung für die Entste-hung des Wetters.

Die meisten Wetterdaten liefern die an Land aufgestellten Wetterstationen. Sie messen die Temperatur, den Niederschlag, die Windstärke, den Luftdruck und die Luft-feuchtigkeit.

Digitale Wetterstation für die Messung von:
* Windrichtung und Windgeschwindigkeit
* Temperatur

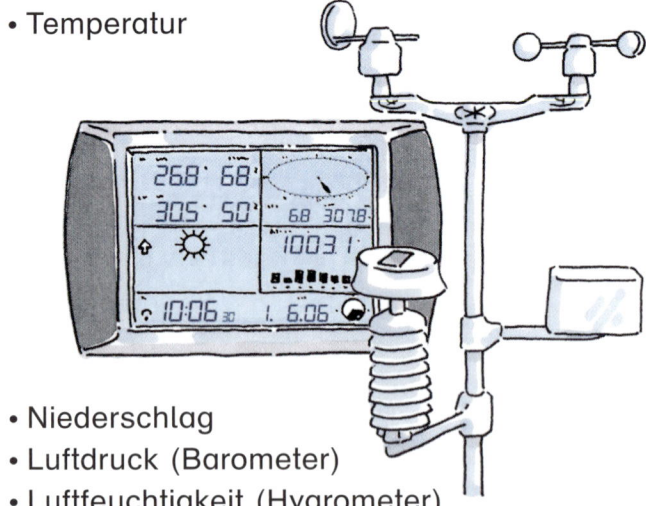

* Niederschlag
* Luftdruck (Barometer)
* Luftfeuchtigkeit (Hygrometer)

Alle erfassten Daten werden von Computern (Prognoserechnern) ausgewertet. Sie erstellen daraus Wettermodelle für die Meteorologen.

1 Beschreibe, wie die Wetterdaten erfasst und ausgewertet werden.

Die Meteorologen vergleichen die Wettermodelle mit den Messwerten der Wetterstationen. Mithilfe aller Daten erstellen die
Meteorologen genaue Wetterkarten, Wetter-
berichte und Wettervorhersagen. Diese sind
für die Menschen von großer Bedeutung.
Beispielsweise Landwirte, Kraftfahrer, Piloten
und Kapitäne lesen die Vorhersagen sehr
genau. Sie wollen wissen, welche Temperaturen zu erwarten sind und ob es Sonnen-
schein, Regen, Schnee, Gewitter, Sturm oder
Nebel geben wird. Besonders wichtig sind
die Warnungen vor Unwettern, zum Beispiel
Orkan, Starkregen oder Eisregen. Per Smartphone können über Wetter-Apps zu jeder
Zeit Wettervorhersagen empfangen werden.

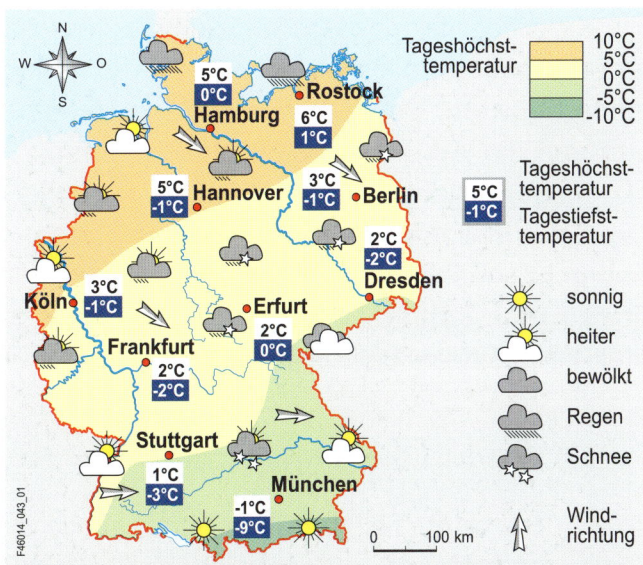

2 Betrachte die Wetterkarte. Formuliere
eine Wettervorhersage
a) für Berlin   b) für Deutschland
Triff dabei Aussagen zu Temperatur,
Bewölkung, Niederschlag und Wind.

3 Berichte, für wen und warum die Wettervorhersagen besonders bedeutsam sind.

Ein Barometer bauen

1 Schneide von einem Luftballon den
  Hals ab. Spanne nun den Ballon mit
  einem Gummiband über ein Marme-
  ladenglas.
2 Klebe einen Trinkhalm mit Tesafilm
  auf dem Luftballon fest.
3 Schiebe unter den Trinkhalm ein
  Streichholz.
4 Zeichne auf einen Karton einen Mittel-
  strich.
5 Befestige den Karton an einem Holz-
  klotz. Beobachte die Trinkhalmspitze.

Schönwetter: Hoher Luftdruck drückt die
Ballonhaut nieder und der Trinkhalm
zeigt nach oben.
Regenwetter: Niedriger Luftdruck hebt die
Ballonhaut. Der Trinkhalm zeigt nach
unten.

1 Legt eine Wettertabelle für eine
Woche an. Tragt darin die Werte für
den Luftdruck ein.

2 Vergleicht eure Ergebnisse mit einem
aktuellen Wetterbericht.

Erste Hilfe

Ein Kind liegt regungslos auf dem Boden. Es ist bewusstlos. In dieser Situation erschlaffen seine Muskeln. Seine Zunge kann zurücksinken und die Atemwege verschließen. Erstickungsgefahr droht! Zuerst wird die Atmung geprüft und dann das Kind in Seitenlage gebracht. Anschließend wird ein Erwachsener zu Hilfe geholt. Wenn ihr zu zweit seid, bleibt einer beim bewusstlosen Kind.

So überprüfst du die Atmung

1 Bevor du bei Notfällen hilfst, sorge immer dafür, dass du selbst nicht in Gefahr geraten kannst.

2 Knie dich in Schulterhöhe neben den Bewusstlosen. Fasse ihn mit einer Hand an der Stirn, mit der anderen Hand am Kinn.

3 Beuge nun den Kopf behutsam nach hinten. Jetzt kannst du den Mund des Verletzten leicht öffnen.

4 Halte nun deine Wange über Mund und Nase des Verletzten. Blicke dabei auf seinen Brustkorb. Die Atmung kannst du jetzt feststellen durch:

→ SEHEN
Der Brustkorb hebt und senkt sich beim Ein- und Ausatmen.

→ HÖREN
Atemgeräusche sind zu vernehmen.

→ FÜHLEN
An deiner Wange kannst du einen leichten Atemhauch spüren.

Übrigens

Bei vorhandener Atmung muss der Bewusstlose in die stabile Seitenlage gebracht werden. Übt zu zweit das Bringen in die Seitenlage.

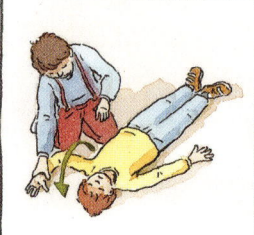 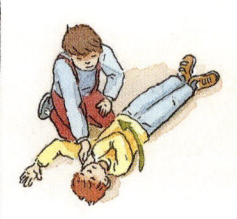   

Auf dieser Seite hast du gesehen, wie du helfen kannst. Um richtig Erste Hilfe leisten zu können, musst du einen Erste-Hilfe-Kurs machen.

▶ Arbeitsheft: Seite 16

Verhalten beim Unfall

– Schau dir die Unfallstelle an.
– Achte darauf, dass du nicht selbst in Gefahr kommst.
– Bleibe ruhig!
– Hole Hilfe!
– Sprich einen Erwachsenen an!
– Du kannst jederzeit den **Notruf** anrufen! **Wähle: 112!**

Eine Unfallmeldung üben – die fünf großen W

1 Die genaue Unfallmeldung ist für die Rettungskräfte sehr wichtig.
Gib an:

	Gib an:	Beispiele:
ⓐ	**Wo** ist der Unfall passiert?	Am Ende der ...straße kurz vor der ...straße ist ein Unfall passiert.
ⓑ	**Was** ist passiert?	Ein Fahrradfahrer wurde von einem Autofahrer angefahren.
ⓒ	**Wie** viele Verletzte gibt es?	Ein Fahrradfahrer ist gestürzt.
ⓓ	**Welche** Verletzungen?	Er hat sich am linken Arm und im Gesicht verletzt.
ⓔ	**Warten** auf Rückfragen	

Warte immer, bis das Gespräch von der Rettungsstelle beendet wird!
Bleibe bei dem Verletzten, bis der Rettungsdienst kommt!

Rettungskette

1 Beschreibe die Rettungskette.
An welchen Stellen kannst du helfen?

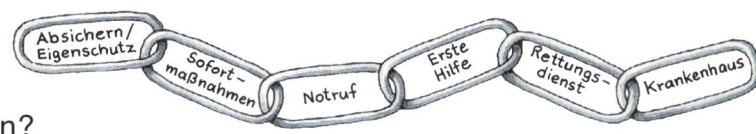

Übrigens

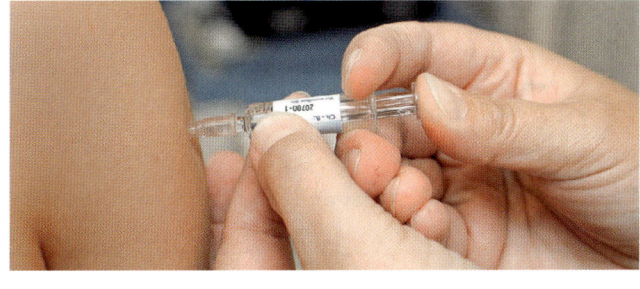

Bereits bei der kleinsten Verletzung besteht die Gefahr einer Tetanus-Infektion. Nur die Impfung schützt gegen dieses Bakterium!
– Schaue in deinem Impfpass nach, wann die letzte Tetanus-Impfung war.
– Frage auch deine Eltern, ob sie einen Impfschutz haben. Alle zehn Jahre sollte man sich nachimpfen lassen.

Zucker – gesund oder schädlich?

Zucker ist wichtig und gesund, wenn er natürlich in Früchten, Gemüse, Milch oder vollwertigen Lebensmitteln enthalten ist. So wird er zusammen mit Vitaminen, Ballaststoffen und Mineralstoffen langsam vom Körper aufgenommen und verarbeitet. Fachleute empfehlen, täglich nicht mehr als 24 Gramm natürlichen Zucker zu essen. Diese Menge entspricht acht Stück Würfelzucker.

1 Nenne Lebensmittel mit natürlichem Zuckergehalt.

2 Stelle dir einen Obstsaft aus frischen Früchten her.

Aber Zucker wird heute zusätzlich fast allen Säften, Limonaden und vielen anderen Nahrungsmitteln zugesetzt. Daher essen die Menschen in Deutschland täglich im Durchschnitt 111 Gramm Zucker. Das entspricht 37 Stück Würfelzucker. Das ist viel zu viel Zucker und kann nach und nach verschiedene Körperfunktionen schwächen und zu ernsthaften Erkrankungen führen.

3 Lies die Etiketten. Rechne den gesamten Zuckergehalt für jedes Produkt aus, z. B. für den Fruchtsaft: 1000 ml : 100 ml = 10. 10 x 9,4 g Zucker = ?

4 Vergleiche für alle drei Lebensmittel den jeweils berechneten gesamten Zuckergehalt mit der täglich empfohlenen Zuckermenge.

Hinweis:
Ein Stück Würfelzucker wiegt 3 Gramm.

 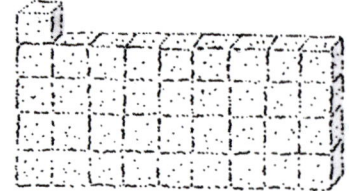

Achtung: Zucker wird nicht immer direkt auf dem Etikett angezeigt. Manchmal steckt er einfach in dem Begriff „Kohlenhydrate".

Lebensmittel mit natürlichem Zucker

Lebensmittel mit zugesetztem Zucker

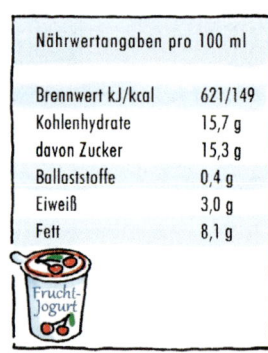

Nährwertangaben pro 100 ml	
Brennwert kJ/kcal	621/149
Kohlenhydrate	15,7 g
davon Zucker	15,3 g
Ballaststoffe	0,4 g
Eiweiß	3,0 g
Fett	8,1 g

Fruchtjogurt, 250 ml

Nährwertangaben pro 100 ml	
Brennwert kJ/kcal	389/92
Kohlenhydrate	20 g
davon Zucker	17 g
Salz	2,0 g
Eiweiß	1,6 g
Fett	0,2 g

Ketchup, 500 ml

Nährwertangaben pro 100 ml	
Brennwert kJ/kcal	197/46
Kohlenhydrate	9,4 g
davon Zucker	9,4 g
Ballaststoffe	0,4 g
Eiweiß	0,5 g
Fett	0,2 g
Vitamin C	24 mg

Fruchtsaft, 1000 ml

Rauchen schadet der Gesundheit

Tobias geht aus der Schule nach Hause und sieht auf der Bank rauchende Jugendliche sitzen. Auch seine Schwester Carolin ist dabei.

Tobias ärgert sich, weil sie in der Familie erst gestern beim Abendbrot über die Gefahren des Rauchens gesprochen haben. Mutti findet Rauchen schädlich und Vati raucht schon seit drei Jahren nicht mehr. Besonders unangenehm ist es Tobias, wenn seine Schwester nach Zigarettenqualm riecht.

Nun überlegt er, wie er Carolin überzeugen könnte, nicht mehr zu rauchen.

Nach zwei Wochen sieht Tobias seine Schwester mit ihren Freunden wieder auf dieser Bank sitzen.

Zuerst wundert er sich, dass sie heute keine Zigaretten im Mund haben. Doch da fällt ihm ein, dass Carolin gestern Abend von einem Wettbewerb erzählt hat. Dabei verpflichten sich die teilnehmenden Jugendlichen, mit dem Rauchen aufzuhören und später nicht wieder anzufangen. Carolins Klasse will daran teilnehmen und kann sogar einen Preis gewinnen. Tobias findet den Wettbewerb toll.

Rauchen kann tödlich sein

Rauchen verursacht tödlichen Lungenkrebs

Schützen Sie Kinder – lassen Sie sie nicht Ihren Tabakrauch einatmen!

Wer das Rauchen aufgibt, verringert das Risiko tödlicher Herz- und Lungenerkrankungen

Rauchen lässt Ihre Haut altern

1 Überlege, warum in fast allen Gaststätten nicht mehr geraucht werden darf.

2 Sprecht darüber, warum die Zigarettenschachteln diese Aufschriften tragen.

Natur: Das habe ich gelernt

In diesem Sachbuch darf nicht geschrieben oder gezeichnet werden!
Notiere daher in deinem Heft die Überschrift dieser Seite, die Nummer und den
Buchstaben der Aufgabe und dahinter deine Antwort.

1 Notiere die Gruppen A bis D. Streiche in jeder Gruppe den nicht passenden Begriff.

A Reiher	**B** Bewölkung	**C** Bewegung	**D** trösten
Libelle	Wind	Schlaf	spielen
Borkenkäfer	Niederschlag	Freunde	zudecken
Kaulquappe	Temperatur	Zigarette	Hilfe holen
Gelbrandkäfer	Sonnenstand	Vitamine	Notruf absetzen

2 Ordne die Begriffe den Schichten des Waldes zu. Notiere sie in der richtigen Reihenfolge.

E
> Krautschicht

> Wurzelschicht

> Strauchschicht

> Baumschicht

> Moosschicht

3 Schreibe auf, welche Vorbilder hinter diesen Erfindungen stecken. Die Abbildungen können dir helfen.

F

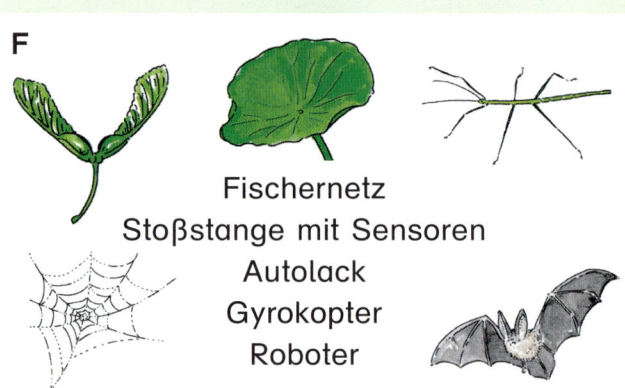

Fischernetz
Stoßstange mit Sensoren
Autolack
Gyrokopter
Roboter

4 Prüfe die Richtigkeit der Aussagen. Notiere nur die richtigen Sätze.

G – Im Wald ist jede Tier- und Pflanzenart wichtig für die Lebensgemeinschaft.
  – In einem Nahrungsnetz sind mehrere Nahrungsketten miteinander verbunden.
  – Eichenwickler sind Schmetterlinge.
  – Moderlieschen gehören zu den Lurchen.
  – Der Begriff Bionik setzt sich aus den Wörtern Biologie und Technik zusammen.
  – In einer Lösung ist der wasserlösliche Stoff nicht mehr zu sehen.
  – Öl löst sich in Wasser.
  – Meteorologen sind Fachleute für Gewässer.

5 Die Abbildung zeigt vier Arten von Pflanzen im und am Teich.

① Su
② Sch...b
③ Sch
④ Ta

H Notiere zu jeder Zahl in der Abbildung den Namen der Pflanzengruppe.

I Notiere für jede Pflanzengruppe als Beispiel eine Pflanzenart. Die Anfangsbuchstaben helfen dir.
Ho – Ro – Te – Wa

Raum

In Niedersachsen gibt es viele unterschiedliche Naturlandschaften. Informiere dich, wie die Naturlandschaften entstanden sind und in welcher Naturlandschaft dein Heimatort liegt.

Mithilfe einer Landkarte kannst du dich gut orientieren. Beschreibe, wie man sie benutzt. Welche Landkarten kennst du?

Im Kreisverkehr gelten besondere Verkehrsregeln. Informiere dich über richtiges Verhalten im Kreisverkehr.

- M 1 Bilder vergleichen
- M 2 Informationen sammeln und verarbeiten
- M 3 Mit einem Lexikon arbeiten
- M 6 Entfernungen auf Landkarten messen
- M 7 Mit Lernkarten arbeiten
- M 8 Ein Referat vorbereiten
- M 13 Ergebnisse darstellen
- M 14 Ergebnisse präsentieren

Verschiedene Verkehrsmittel

Ob zu Land, zu Wasser oder in der Luft, mithilfe moderner Verkehrsmittel kann sich der Mensch heute schnell und bequem fortbewegen.

Autos, Schiffe, Züge und Flugzeuge transportieren täglich sehr viele Menschen und unzählige Güter. Die verschiedenen Verkehrswege bilden ein gut ausgebautes, dichtes Verkehrsnetz. Der Verkehr nimmt immer mehr zu.

1 Vermute, weshalb der Verkehr immer mehr zunimmt.

In Deutschland sind etwa 54,6 Millionen Kraftfahrzeuge für den Straßenverkehr zugelassen. Sie verursachen große Umweltbelastungen. Aus jedem Auspuff gelangen giftige Schadstoffe in die Luft. Jedes fahrende Auto verursacht Lärm. Manche Straßen und Wohngebiete haben deshalb Lärmschutzwände. Durch die vielen Autos kommt es häufig zu langen Staus.

Stau auf der Autobahn

2 Informiert euch, ob es in eurem Wohngebiet Lärmschutzwände oder Lärmschutzwälle gibt.

In vielen Fällen sind öffentliche Verkehrsmittel die bessere Wahl, anstatt im Stau zu stehen. Eisenbahn, Straßenbahn und Busse können viele Menschen transportieren. Für kurze Strecken ist immer noch das Fahrrad das umweltverträglichste Verkehrsmittel.

Eisenbahn

3 Zähle die Vorteile von öffentlichen Verkehrsmitteln auf.

Straßenbahn

Bus

Fahrrad

■ Verkehr und Wirtschaft in Niedersachsen, Seite 60/61

Für Menschen, die außerhalb der Städte leben, gibt es nur wenige oder gar keine öffentlichen Verkehrsmittel. Die Menschen müssen daher mit ihrem eigenen Auto fahren, wenn sie zum Beispiel zur Arbeit oder zum Einkaufen wollen.

Um die Umwelt zu schützen und um Geld zu sparen, können sie Fahrgemeinschaften bilden. Es ist besser, wenn mehrere Personen in einem Auto sitzen, als dass jede Person allein ein Fahrzeug nutzt.

a   Mit dem Auto

b   Mit dem Fahrrad

c   Mit dem Bus

4 Vergleiche die Abbildungen a, b und c.

5 Überlege, was die Bilder verdeutlichen.

Übrigens

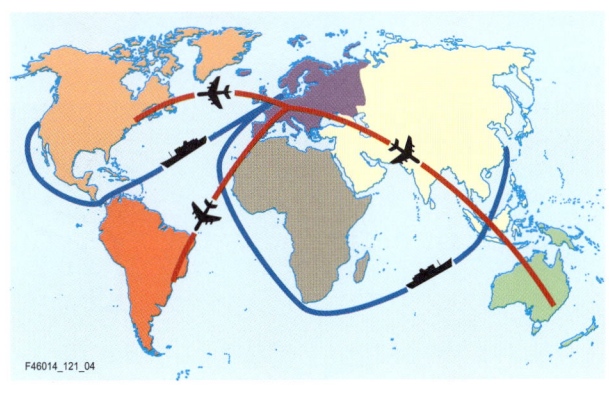

Dank moderner Verkehrsmittel kann sich der Mensch heute sehr bequem und schnell bewegen. Es ist möglich, an fast jeden Ort auf der Welt zu gelangen.

6 Diskutiert folgende Aussage: „Durch moderne Verkehrsmittel ist die Welt für die Menschen kleiner geworden."

Vorbeifahren an haltenden Fahrzeugen

So fährst du mit deinem Fahrrad richtig an einem haltenden Fahrzeug vorbei.

Ein Lastwagen steht auf der rechten Straßenseite und versperrt den Weg. Max schaut über die linke Schulter nach hinten, weil nachfolgende Fahrzeuge zu einer Gefahr werden könnten.

1. umsehen

Wenn sich von hinten keine schnelleren Fahrzeuge nähern, gibt Max links Handzeichen, um den Spurwechsel anzukündigen.

2. Handzeichen

Max ordnet sich zum Sichtpunkt ein, damit er am Lastwagen vorbeisehen kann. Er stellt fest, ob Gegenverkehr kommt.

3. einordnen und Gegenverkehr beachten

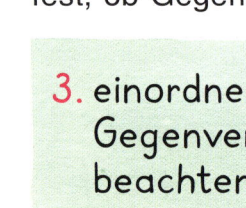

Max hat sich überzeugt, dass kein Gegenverkehr kommt. Er schaut sich erneut über die linke Schulter um und fährt im Sicherheitsabstand von etwa einem Meter am Lastwagen vorbei.

4. vorbeifahren

Wenn rechts kein Hindernis ist, gibt Max rechts Handzeichen und ordnet sich am Fahrbahnrand ein.

5. wieder einordnen

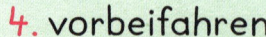

1 Schreibe in fünf Sätzen auf, wie du richtig an einem haltenden Fahrzeug vorbeifährst.

■ Linksabbiegen an einer Einmündung ohne Verkehrszeichen, Seite 44

■ Linksabbiegen an einer Kreuzung ohne Vorfahrtszeichen, Seite 45

▶ Arbeitsheft: Seite 17

Verhalten an Engpässen und Baustellen

An dieser Unterführung darf der Radfahrer weiterfahren, denn

das Verkehrszeichen

bedeutet: Vorrang vor dem Gegenverkehr.

Er muss allerdings sehr aufmerksam und vorsichtig sein. In der dunklen Unterführung kann er schlecht von den Fahrern entgegenkommender Fahrzeuge gesehen werden.

Eine Radfahrerin nähert sich einer Baustelle. Verkehrszeichen helfen ihr dabei, sich in dieser Situation richtig zu verhalten.

Das Verkehrszeichen

bedeutet: Dem Gegenverkehr Vorrang gewähren.

Deshalb muss die Radfahrerin am Sichtpunkt vor der Baustelle warten, wenn Gegenverkehr kommt.

1 Schreibe auf, was die einzelnen Verkehrszeichen bedeuten, die die Radfahrerin sieht.

 a)  b)  c)

Eine Autofahrerin nähert sich der Baustelle von der anderen Seite. Sie sieht verschiedene Verkehrszeichen. Eines davon gibt ihr Vorrang vor dem Gegenverkehr.

2 Beschreibe die beiden Verkehrszeichen, die die Autofahrerin sieht.

 a) 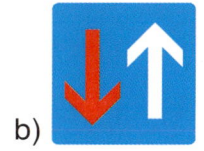 b)

3 Nenne Hindernisse, die an einer Baustelle plötzlich auftauchen können.

4 Beschreibe in fünf Sätzen, was beim Vorbeifahren an einer Baustelle zu beachten ist. Vergleiche mit dem Vorbeifahren an haltenden Fahrzeugen auf Seite 42.

■ Vorbeifahren an haltenden Fahrzeugen, Seite 42   ▶ Arbeitsheft: Seite 17

Linksabbiegen an einer Einmündung ohne Verkehrszeichen

Das Linksabbiegen erfordert viel Aufmerksamkeit, weil man dabei die Fahrspur anderer Verkehrsteilnehmer kreuzt. Außerdem müssen Vorfahrt und Fußgänger beachtet werden. Deshalb ist es wichtig, die einzelnen Schritte genau zu kennen.

1 Decke die Zeichnung ab und nenne die einzelnen Schritte der Reihe nach.

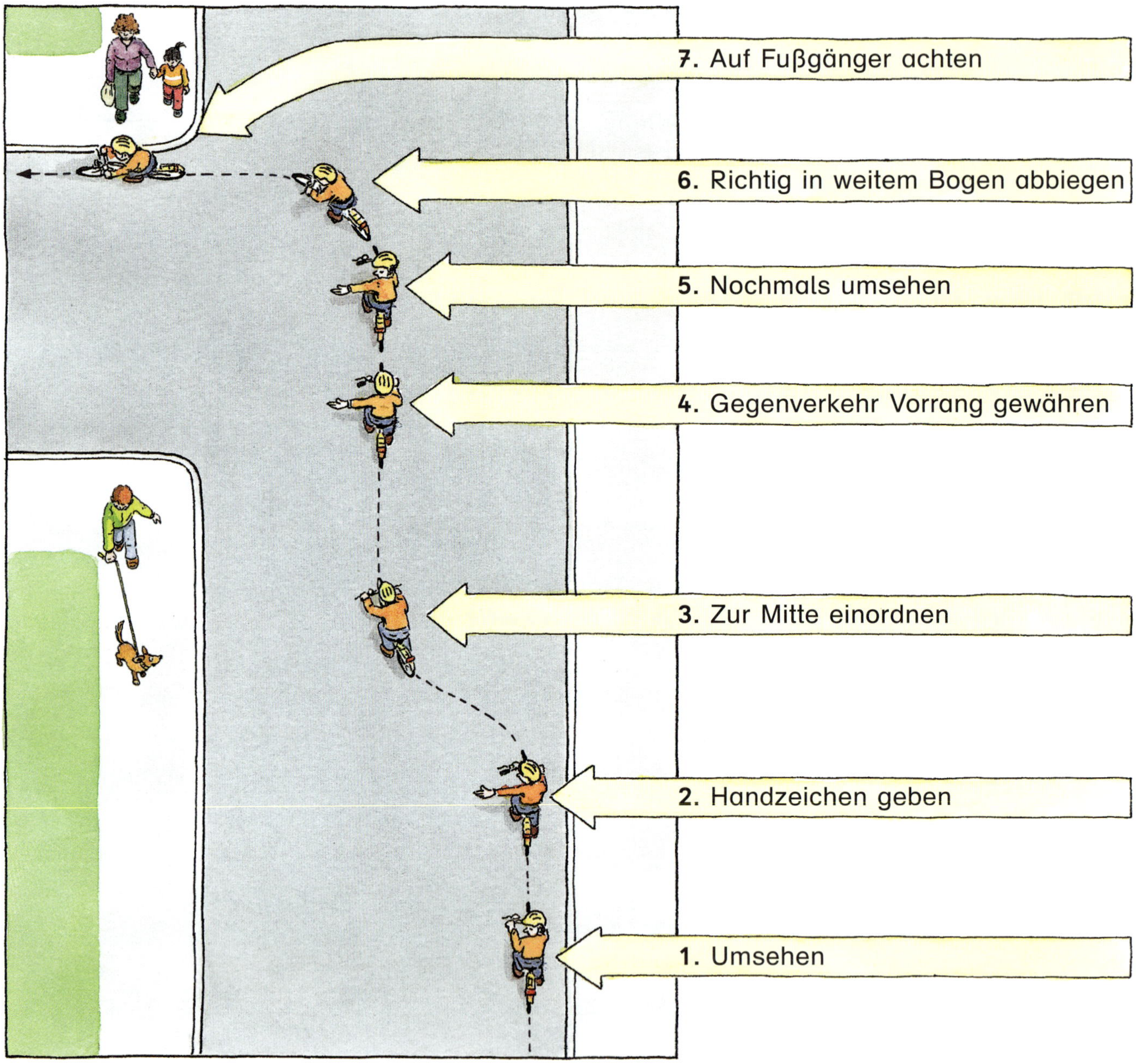

7. Auf Fußgänger achten

6. Richtig in weitem Bogen abbiegen

5. Nochmals umsehen

4. Gegenverkehr Vorrang gewähren

3. Zur Mitte einordnen

2. Handzeichen geben

1. Umsehen

Linksabbiegen aus einer schmalen Einbahnstraße

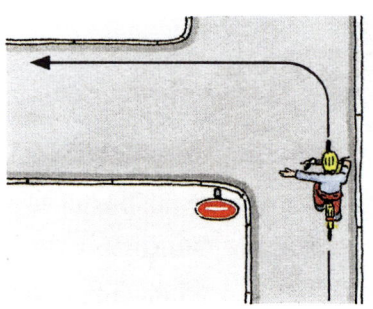

Kadir fährt in einer Einbahnstraße. Er will links abbiegen. Weil die Straße so schmal ist, darf er sich nicht zur Mitte hin einordnen. Er würde schnellere Verkehrsteilnehmer behindern. Er bleibt zum Abbiegen auf der rechten Seite.

2 Welchen der sieben Schritte lässt Kadir aus?

3 Nenne die sechs Schritte beim Linksabbiegen aus einer schmalen Einbahnstraße.

■ Verhalten an Engpässen und Baustellen, Seite 43
■ Linksabbiegen an einer Kreuzung ohne Vorfahrtszeichen, Seite 45
■ Linksabbiegen auf die sichere Art, Seite 46

Linksabbiegen an einer Kreuzung ohne Vorfahrtszeichen

Das Linksabbiegen an einer Kreuzung ohne Vorfahrtszeichen erfolgt in drei Abschnitten:
A Einordnen – B Vorfahrt und Gegenverkehr – C Abbiegen. Beginne unten auf der Seite bei A.

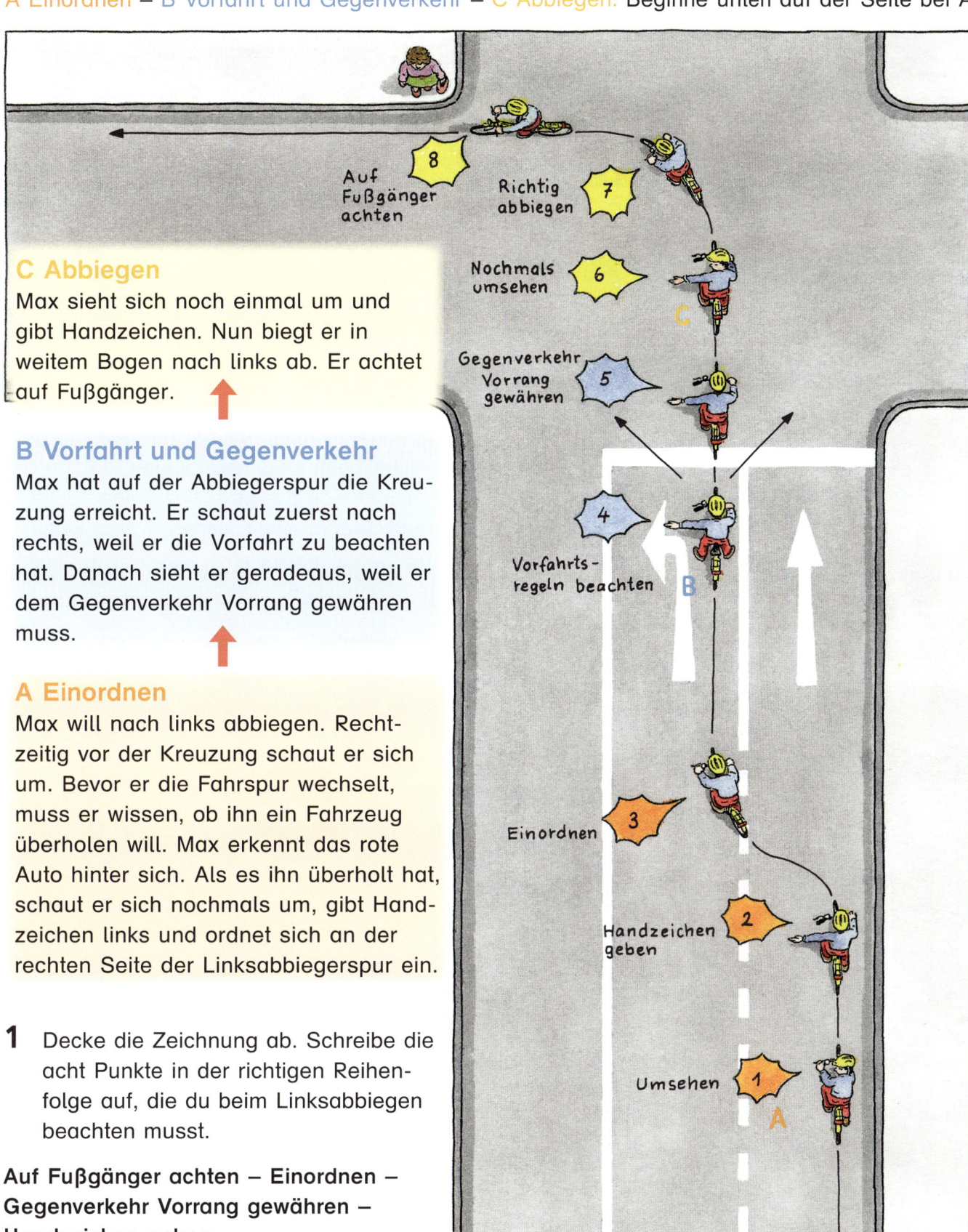

C Abbiegen

Max sieht sich noch einmal um und gibt Handzeichen. Nun biegt er in weitem Bogen nach links ab. Er achtet auf Fußgänger.

B Vorfahrt und Gegenverkehr

Max hat auf der Abbiegerspur die Kreuzung erreicht. Er schaut zuerst nach rechts, weil er die Vorfahrt zu beachten hat. Danach sieht er geradeaus, weil er dem Gegenverkehr Vorrang gewähren muss.

A Einordnen

Max will nach links abbiegen. Rechtzeitig vor der Kreuzung schaut er sich um. Bevor er die Fahrspur wechselt, muss er wissen, ob ihn ein Fahrzeug überholen will. Max erkennt das rote Auto hinter sich. Als es ihn überholt hat, schaut er sich nochmals um, gibt Handzeichen links und ordnet sich an der rechten Seite der Linksabbiegerspur ein.

1 Decke die Zeichnung ab. Schreibe die acht Punkte in der richtigen Reihenfolge auf, die du beim Linksabbiegen beachten musst.

**Auf Fußgänger achten – Einordnen –
Gegenverkehr Vorrang gewähren –
Handzeichen geben –
Nochmals umsehen – Richtig abbiegen –
Umsehen – Vorfahrtsregeln beachten**

■ Linksabbiegen an einer Einmündung ohne Verkehrszeichen, Seite 44   ► Arbeitsheft: Seite 18, 19

Linksabbiegen auf die sichere Art

... an einer Einmündung

An dieser Einmündung gibt es mehrere Möglichkeiten, nach links abzubiegen. Andrea fährt schon sehr sicher mit dem Rad. Sie benutzt die Linksabbiegerspur (Punkt A). Nachdem sie die Vorfahrt und den Gegenverkehr beachtet hat, biegt sie in weitem Bogen ab und achtet auf Fußgänger. Martin wählt einen sicheren Weg (Punkt B). Er fährt geradeaus weiter und hält dann bei Punkt C vorschriftsmäßig an. Nun schiebt er das Fahrrad über die Straße. Bei Punkt D setzt er seine Fahrt unter Beachtung der Verkehrsregeln fort.

1 Nenne die Vorteile für Martin.

... an einer Kreuzung

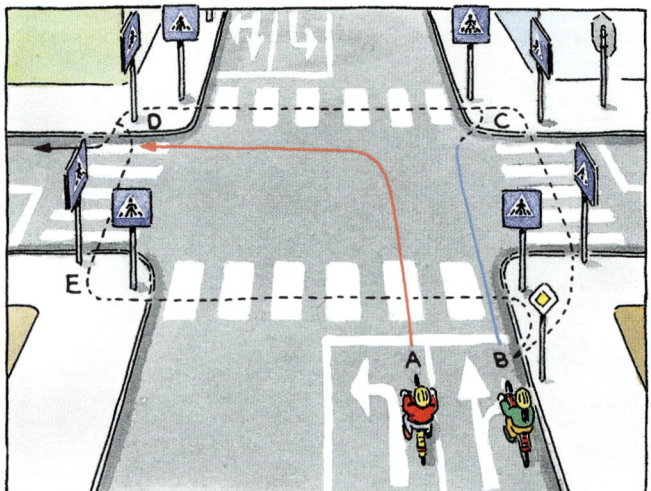

An dieser Kreuzung gibt es mehrere Möglichkeiten, nach links abzubiegen. Fabian entscheidet sich für die Linksabbiegerspur, während Svenja einen sicheren Weg wählt.

2 Beschreibe die drei sicheren Möglichkeiten, an dieser Kreuzung nach links abzubiegen.

3 Welche Möglichkeit würdest du wählen? Begründe deine Wahl.

... aus einer Einbahnstraße

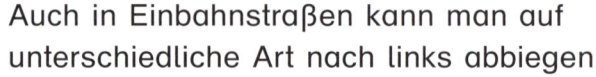

Auch in Einbahnstraßen kann man auf unterschiedliche Art nach links abbiegen.

4 Beschreibe die vier Möglichkeiten, an dieser Kreuzung nach links abzubiegen.

5 Entscheide dich für eine Lösung und nenne die Punkte, die der Reihe nach zu beachten sind.

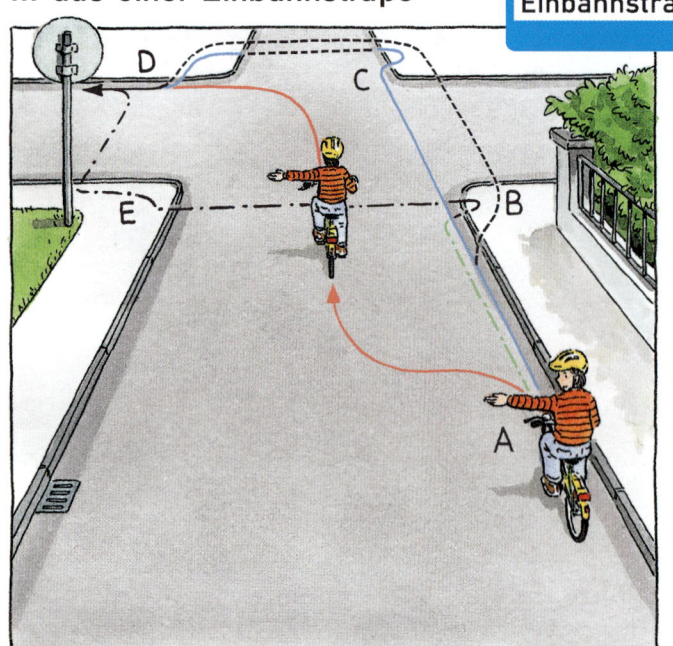

- Linksabbiegen an einer Einmündung ohne Verkehrszeichen, Seite 44
- Linksabbiegen an einer Kreuzung ohne Vorfahrtszeichen, Seite 45

Im Kreisverkehr mit und ohne Radweg

Diese Kombination zweier Verkehrsschilder zeigt an, dass du dich einem Kreisverkehr (Kreisel) näherst. Hier gibt es für dich sehr viel zu beachten. Die folgenden Bilder zeigen dir verschiedene Verkehrsregelungen, die es für den Kreisverkehr gibt.

Kreisverkehr ohne Radweg

Du darfst nur nach rechts in den Kreisverkehr einfahren.

Du musst den Fahrzeugen, die bereits im Kreisel fahren, die Vorfahrt gewähren.

Vor dem Verlassen des Kreisverkehrs musst du mit rechts Handzeichen geben.

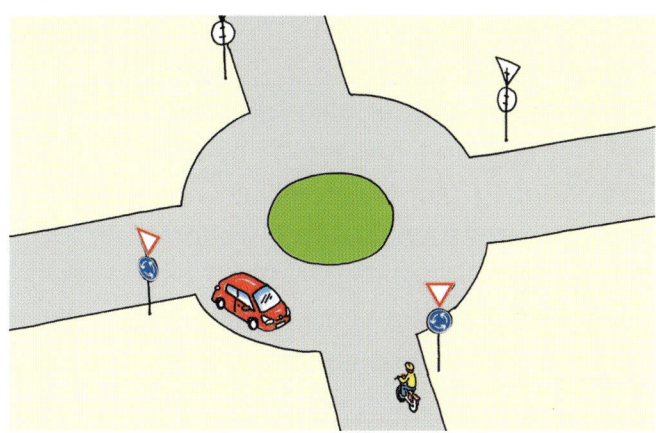

Kreisverkehr mit Radweg

Alle Fahrzeuge, die den Kreisverkehr verlassen oder in den Kreisverkehr einfahren, müssen auf Radfahrer und Fußgänger achten und ihnen Vorrang geben.

Wenn du als Radfahrer auf dem Radweg die Straße überqueren willst, hast du Vorfahrt. Fahre dennoch vorsichtig und achte immer auf andere Verkehrsteilnehmer.

Kreisverkehr mit Radweg und Verkehrszeichen für Radfahrer

Wenn neben dem Radweg das Schild „Vorfahrt gewähren" steht, musst du warten. Alle Fahrzeuge, die den Kreisverkehr verlassen wollen oder in den Kreisverkehr fahren, haben hier Vorfahrt.

1 Vergleiche die Bilder miteinander.

2 Erkläre, warum man sich in jeder der dargestellten Verkehrssituationen anders verhalten muss.

3 Stelle in jedem der drei Bilder fest, welcher Verkehrsteilnehmer Vorfahrt hat. Schreibe die Lösungen in dein Heft.

▶ Arbeitsheft: Seite 20

Abknickende Vorfahrtsstraßen

Florian fährt auf der abknickenden Vorfahrtsstraße und will auf ihr nach links abbiegen. Er gibt Handzeichen nach links und darf, ohne anzuhalten, weiterfahren, denn er hat Vorfahrt. Er verhält sich aber dennoch vorsichtig und achtet auf die anderen Verkehrsteilnehmer.

Maren will hier nach links in die abknickende Vorfahrtsstraße einbiegen und gibt rechtzeitig Handzeichen nach links. Sie muss die Vorfahrt beachten und warten, bis die Straße frei ist. Dann biegt Maren vorschriftsmäßig ab.

1 Welche Möglichkeit hätte Maren noch, hier sicher nach links abzubiegen?

Anne will geradeaus in die abknickende Vorfahrtsstraße fahren. Sie bleibt am rechten Fahrbahnrand und beachtet die Vorfahrt. Wenn die Vorfahrtsstraße frei ist, fährt sie in diese ein.

Ein Radfahrer fährt auf der Vorfahrtsstraße.

2 Beschreibe, in welche Richtung die Fahrzeuge fahren wollen. Woran erkennst du, wohin sie fahren wollen?

3 Welche Fahrzeuge dürfen weiterfahren, ohne zu warten? Welches Fahrzeug muss warten? Begründe deine Antwort.

▶ Arbeitsheft: Seite 21

Toter Winkel

Die Fahrer von Autos, Lastwagen, großen Arbeitsmaschinen oder Bussen können von ihrem Platz am Steuer nur teilweise sehen, was direkt vor, neben oder hinter dem Fahrzeug ist. Beim Blick aus dem Fenster oder in den Spiegel sehen die Fahrer nicht, was sich im Bereich des „toten Winkels" befindet.

1 Beschreibe, welche Bereiche im „toten Winkel" liegen und welche Gefahren deshalb drohen.

1 Blick aus dem Fenster / Toter Winkel / L&P

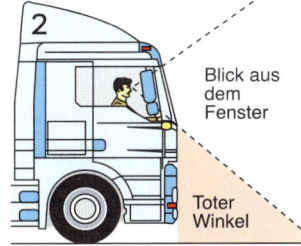
2 Blick aus dem Fenster / Toter Winkel

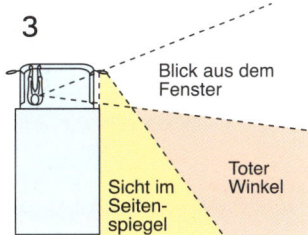
3 Blick aus dem Fenster / Sicht im Seiten-spiegel / Toter Winkel

1 Sicht von vorn

2 Sicht von der Seite

3 Draufsicht

Das sieht die Radfahrerin:

4

Das sieht der Fahrer:

5

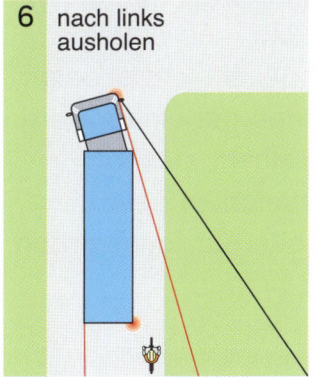
6 nach links ausholen

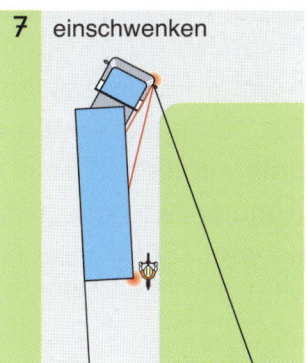
7 einschwenken

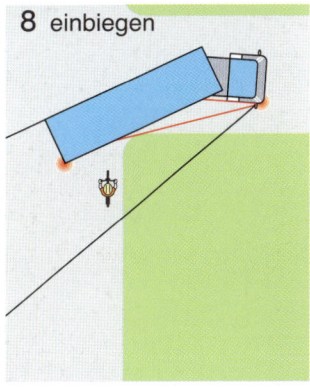
8 einbiegen

Lange Fahrzeuge müssen beim Rechtsabbiegen erst weit nach links ausholen.

2 Erkläre, wann der Lkw-Fahrer den Radfahrer nicht sehen kann.

9

3 Wie musst du dich als Radfahrer hier verhalten? Lies die folgenden Aussagen und notiere die richtige Antwort.

A Ich fahre rechts vorbei bis zur Haltelinie an der Ampel.

B Ich bleibe hinter dem Lkw, weil ich leicht übersehen werden kann.

C Ich fahre auf dem Fußweg weiter.

Wie Berge auf Landkarten dargestellt werden

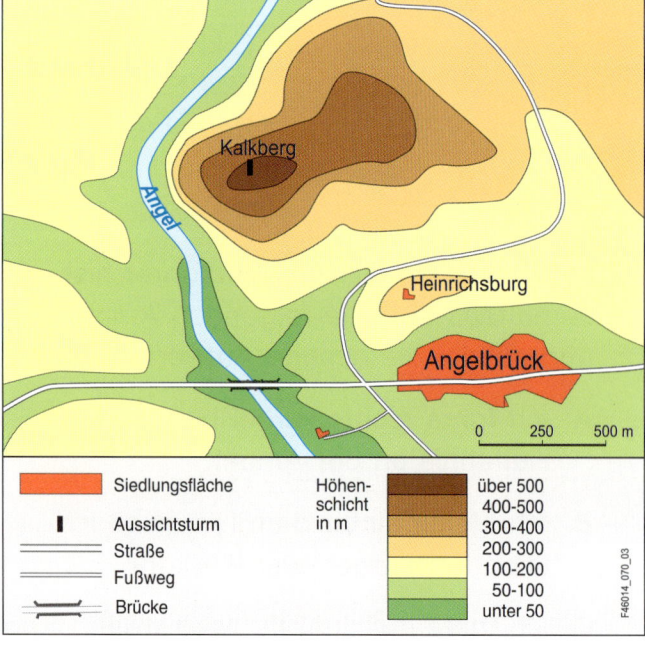

In der Natur können wir Berge und Hügel gut erkennen. Auf Landkarten ist das nicht so einfach, da sie in der Draufsicht dargestellt sind.

Damit du Berge und andere Erhebungen auf Landkarten trotzdem gut erkennen kannst, werden Höhenlinien oder Höhenschichten eingezeichnet.

Bevor Landkarten gezeichnet werden können, werden die Berge und Hügel an vielen Stellen vermessen. Die Messpunkte werden in die Landkarte eingetragen. Messpunkte in einer Höhe werden miteinander verbunden und bilden eine Höhenlinie.

Auf vielen Wanderkarten sind Höhenlinien eingezeichnet. In die Höhenlinie ist die Höhenangabe als Zahl eingesetzt.

Je enger die Höhenlinien beieinander liegen, umso steiler ist das Gelände.

Berge können auf Landkarten auch mithilfe von Höhenschichten dargestellt werden. Auf vielen Landkarten wird auch der Begriff Landhöhen verwendet.

Die Bereiche, die zwischen zwei Höhenlinien auf einer Höhe liegen, erhalten eine eigene Farbe. In der Legende kann man ablesen, welche Farbe welche Höhenschicht anzeigt. Die Höhenschichten können bei einem Berg unterschiedlich sein. An einem steilen Abhang sind die Höhenschichten sehr schmal. Steigt das Gelände nur langsam an, sind die Höhenschichten breiter.

Beantworte die Fragen mithilfe der Karte auf Seite 54 und 55.

1 Du fliegst von Göttingen nach Lüneburg. Finde die Flugstrecke auf der Karte. Lege ein Lineal auf die Flugstrecke auf der Karte. Beschreibe die Veränderungen der Höhenschichten im Verlauf des Fluges.

2 Denke dir ähnliche Aufgaben aus.

● M 1 Bilder vergleichen, Seite 5　　　■ Karten lesen und verstehen, Seite 52/53

Wir zeichnen die Höhenlinien eines Kartoffelberges

1 Eine einfache Höhenlinienkarte kannst du selbst zeichnen. Du brauchst: eine große Kartoffel, einen Nagel, Farben, Zeichenpapier, Stifte, eine Styroporplatte und ein Messer.

2 Schneide die Kartoffel so durch, dass ein „Berg" mit einer unregelmäßigen Form entsteht. Schneide den Kartoffelberg in gleichmäßig dicke Scheiben.

3 Lege auf die Styroporplatte das Zeichenpapier und darauf alle Scheiben des Kartoffelberges. Drücke den Nagel durch alle Schichten. Zeichne den Umriss der untersten Kartoffelscheibe.

4 Nimm die unterste Scheibe weg und zeichne den Umriss der nächsten Scheibe. Wiederhole dieses mit allen Scheiben des Berges.

5 Nimm auch die Bergspitze vom Papier. Nun ist deine Höhenlinienkarte fertig. Setze die Scheiben des Kartoffelberges wieder zusammen. Vergleiche seine Form mit deiner Höhenlinienkarte.

6 Male die äußere Schale der Kartoffelscheiben mit verschiedenen Tuschfarben an. Male die Flächen zwischen den Höhenlinien auf deiner Karte in den entsprechenden Farben an. Nun hast du eine Höhenschichtenkarte.

▶ Arbeitsheft: Seite 22, 23

Karten lesen und verstehen

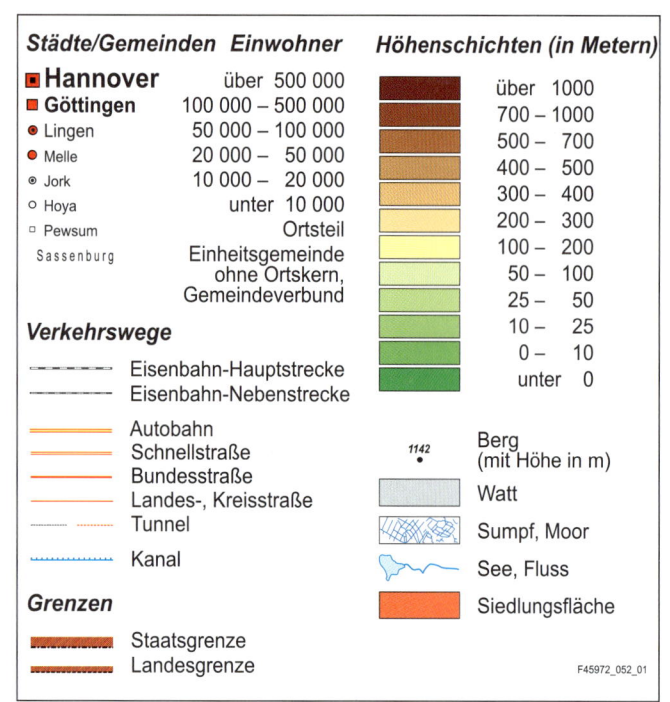

Städte/Gemeinden	Einwohner	Höhenschichten (in Metern)
■ **Hannover**	über 500 000	über 1000
■ **Göttingen**	100 000 – 500 000	700 – 1000
● Lingen	50 000 – 100 000	500 – 700
● Melle	20 000 – 50 000	400 – 500
⊙ Jork	10 000 – 20 000	300 – 400
○ Hoya	unter 10 000	200 – 300
□ Pewsum	Ortsteil	100 – 200
Sassenburg	Einheitsgemeinde ohne Ortskern, Gemeindeverbund	50 – 100
		25 – 50
Verkehrswege		10 – 25
		0 – 10
		unter 0

Verkehrswege
- Eisenbahn-Hauptstrecke
- Eisenbahn-Nebenstrecke
- Autobahn
- Schnellstraße
- Bundesstraße
- Landes-, Kreisstraße
- Tunnel
- Kanal

1142 • Berg (mit Höhe in m)

Watt

Sumpf, Moor

See, Fluss

Siedlungsfläche

Grenzen
- Staatsgrenze
- Landesgrenze

F45972_052_01

Zeichenerklärung oder Legende

Auf einer Landkarte verwendete Farben, Linien und Symbole werden in einer Zeichenerklärung oder Legende erklärt. Wenn in einer Karte etwas nachgeschaut oder gesucht werden soll, muss deshalb immer erst die Legende der Karte gelesen werden. Die Farbe Grün kann je nach Art der Landkarte eine Höhenschicht, aber auch Wald oder Grünland bedeuten.

1 Finde Städte mit 50 000 – 100 000 Einwohnern auf der Karte Seite 54/55. Notiere vier Namen.

2 Suche deinen Heimatort auf der Karte. Welche Verkehrswege findest du in der Umgebung deines Ortes?

Maßstab 1 : 1 000 000

Maßstabsleiste

0 5 10 15 20 25 30 35 40 45 50 55 60 65 km

F45972_052_02_1

Entfernungen mit dem Maßstab bestimmen

Auf jeder Karte findest du eine Maßstabangabe oder eine Maßstableiste. Du kannst mithilfe des Maßstabs die Länge der Fahrstrecke mit dem Auto oder der Eisenbahn von einer Stadt zu einer anderen Stadt recht genau berechnen.

1 Du brauchst eine Landkarte, ein Stück Blumendraht und ein Lineal.

2 Wähle eine Strecke aus. Nimm das Stück Blumendraht und forme es entsprechend der Streckenführung.

3 Markiere den Endpunkt durch einen Knick.

4 Ziehe nun den Draht lang und lege ihn auf das Lineal. Lies die Länge in Zentimeter ab. Berechne die Entfernung mithilfe der Maßstabsangabe in der Legende. Wenn die Karte eine Maßstabsleiste hat, kannst du den Draht direkt an die Leiste anlegen und die Entfernung ermitteln.

5 Miss die Länge der Strecke von Soltau nach Uelzen. Schlage dazu die Karte auf der Seite 54/55 auf.

● **M 6** Entfernungen auf Landkarten messen, Seite 8

■ Wie Berge auf Landkarten dargestellt werden, Seite 50/51

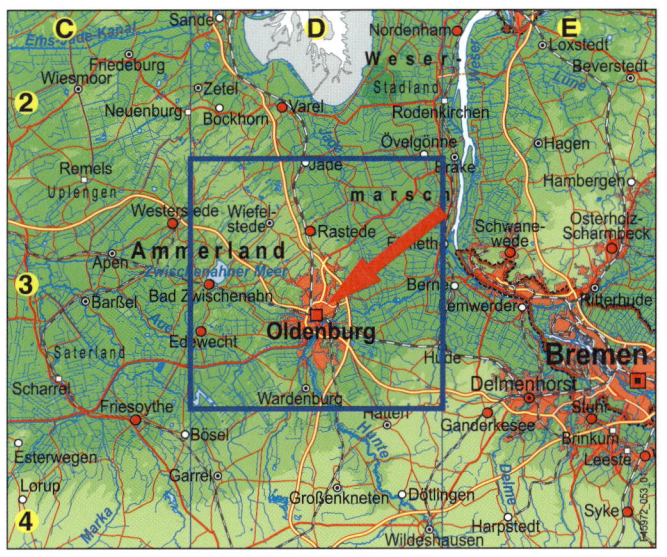

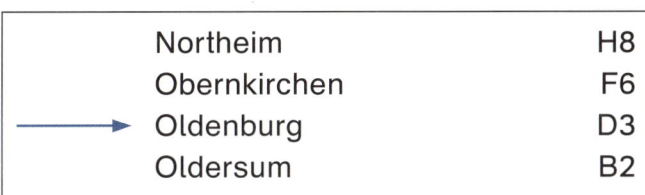

Northeim	H8
Obernkirchen	F6
→ Oldenburg	D3
Oldersum	B2

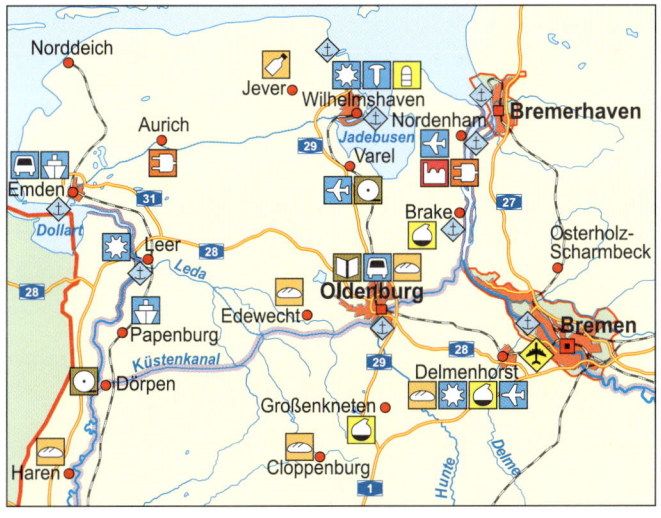

Höhenschichten

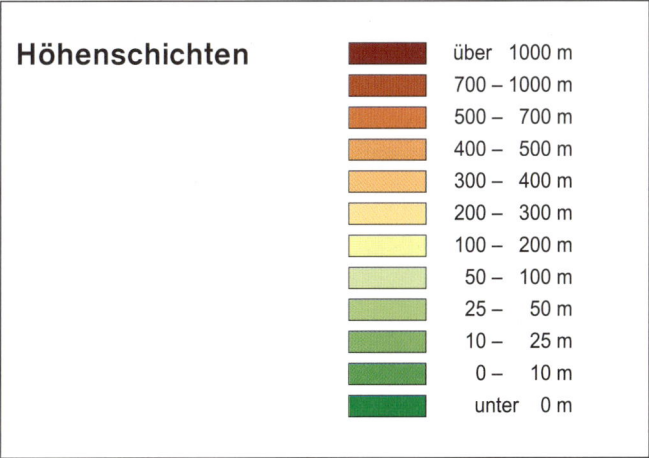

	über 1000 m
	700 – 1000 m
	500 – 700 m
	400 – 500 m
	300 – 400 m
	200 – 300 m
	100 – 200 m
	50 – 100 m
	25 – 50 m
	10 – 25 m
	0 – 10 m
	unter 0 m

Mit dem Ortsregister einen Ort finden

1 Finde die Stadt Oldenburg. Schlage dazu auf Seite 144/145 das Ortsregister auf. Das Ortsregister ist alphabetisch geordnet.

2 Suche zuerst den Buchstaben O und dann den Namen Oldenburg.

3 Hinter dem Namen Oldenburg stehen ein Buchstabe und eine Zahl, D und 3. Sie geben das Planquadrat an, in dem der Ort auf der Karte liegt.

4 Schlage die Seite 54/55 auf. Finde im Planquadrat D3 die Stadt Oldenburg.

5 Suche folgende Städte auf der Karte 54/55 mithilfe des Ortsregisters: Celle, Vechta und Meppen. Stellt euch gegenseitig weitere Fragen.

Thematische Karten

Landkarten, die ein bestimmtes Thema oder bestimmte Inhalte darstellen, nennt man thematische Karten. Auf diesen Karten werden weniger Informationen zur Landschaft gegeben, oft fehlen die Höhenschichten. Das bestimmte Thema oder die bestimmten Inhalte werden durch Farbflächen oder spezielle Symbole dargestellt.

1 Beschreibe die Karte. Vergleiche sie mit dem Kartenausschnitt oben und der Karte Seite 54/55. Nenne Unterschiede.

Höhenschichten ablesen

Auf Landkarten werden verschiedene Höhenlagen zu Höhenschichten zusammengefasst. In der Zeichenerklärung wird der Höhenbereich und die Farbe für jede Höhenschicht angegeben. Die Farbgebung der Höhenschichten kann von Landkarte zu Landkarte abweichen.

1 Wie viele Höhenschichten findest du auf der Karte 54/55? Notiere die Anzahl und die niedrigste und die größte Höhe.

▶ Arbeitsheft: Seite 24

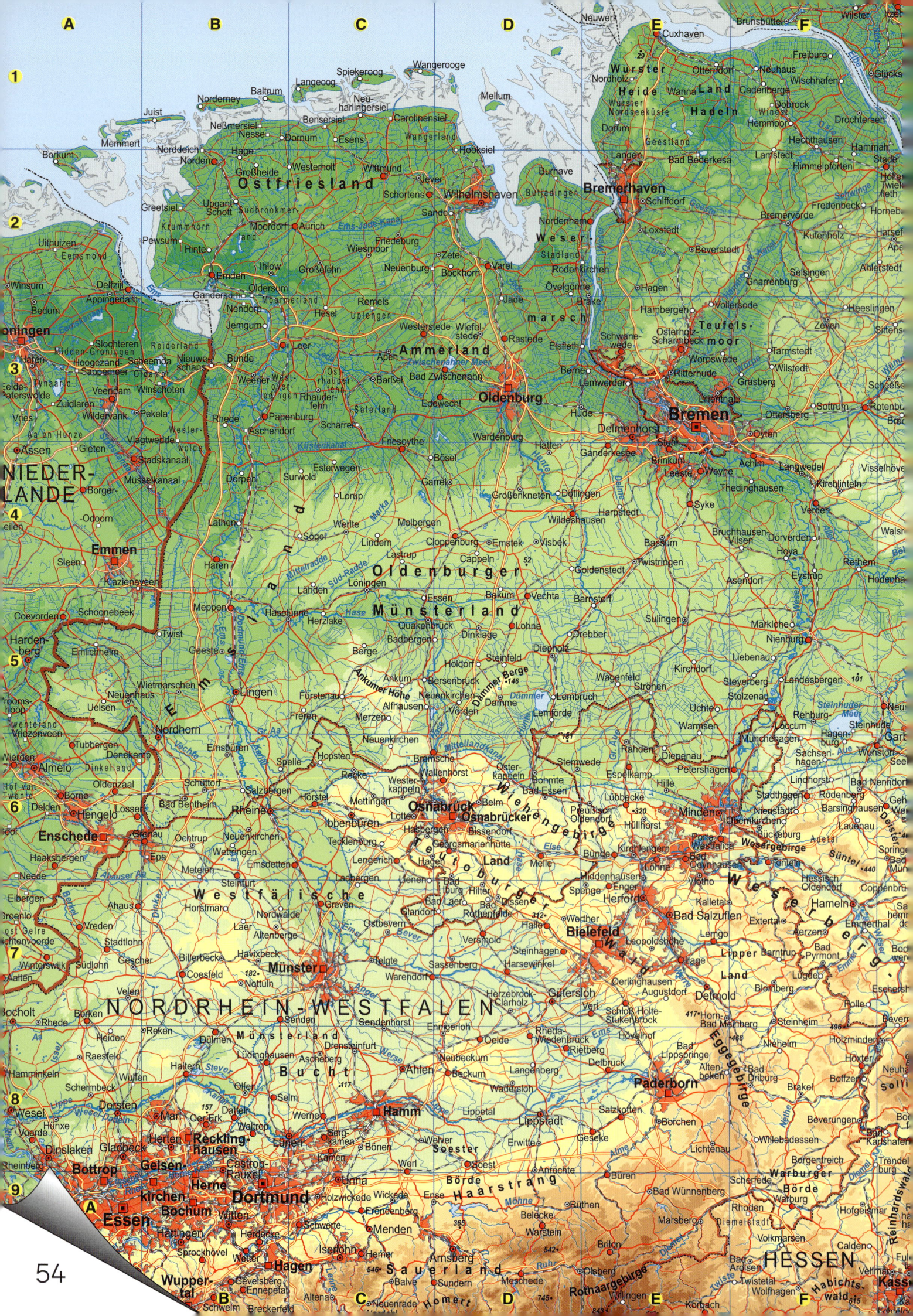

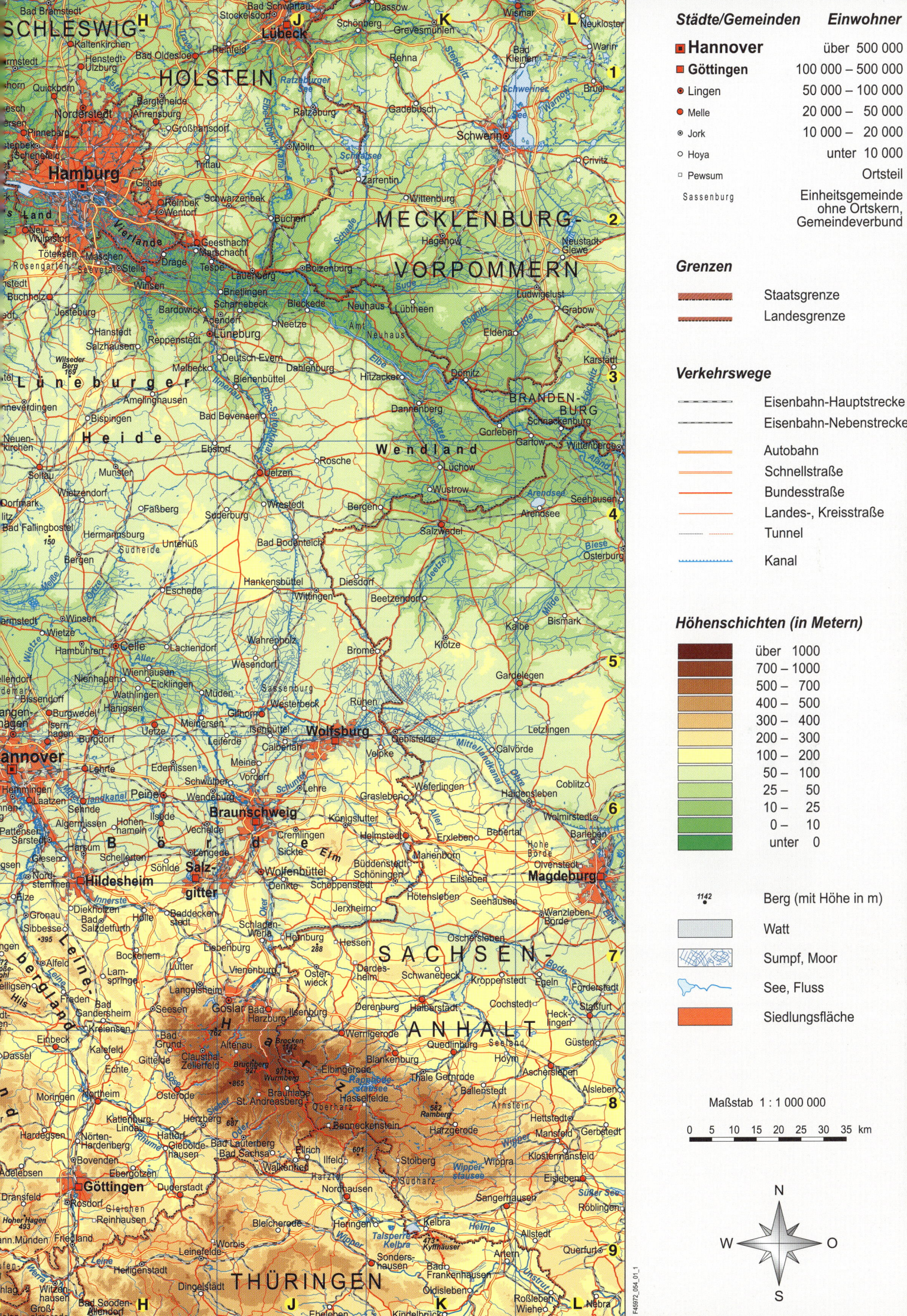

Die Eiszeit

Zeitraum der Eiszeiten
(in 1000 Jahren vor
unserer Zeitrechnung):
Elster-Eiszeit – 475-370
Saale-Eiszeit – 230-130
Weichsel-Eiszeit – 115-10

Oslo · Sankt Petersburg · Stockholm · Moskau · Dublin · Manchester · Kopenhagen · Hamburg · Hannover · London · Berlin · Warschau · Paris · Frankfurt · Prag · Kiew · München · Wien · Bern · Budapest · Mailand · Madrid · Rom

0 250 500 km

- - - größte Vereisung während der letzten Eiszeiten
- - - Packeis
~~~ heutige Küstenlinie

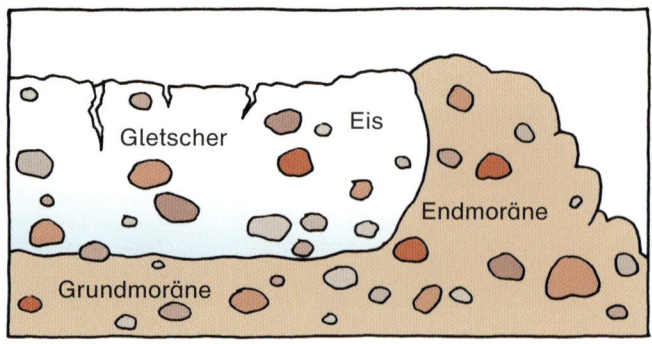

Gletscher · Eis · Endmoräne · Grundmoräne

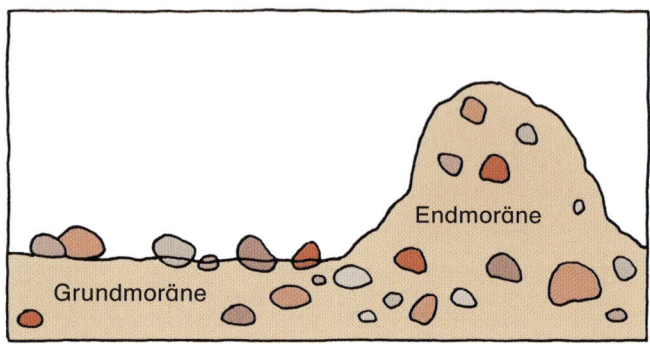

Endmoräne · Grundmoräne

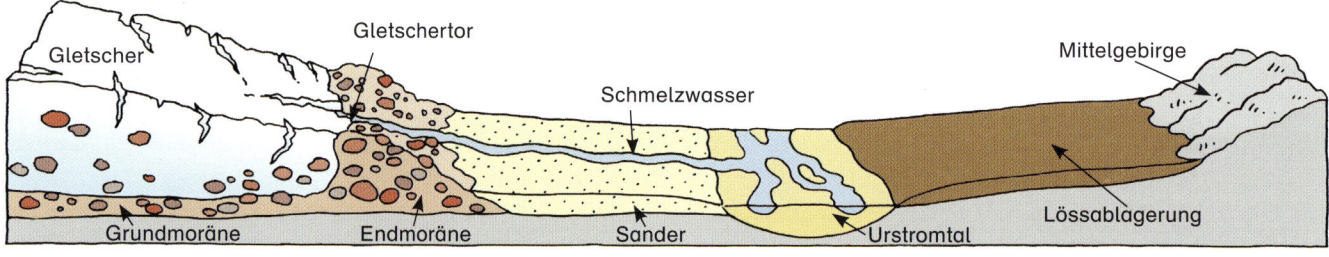

Gletscher · Gletschertor · Schmelzwasser · Mittelgebirge · Grundmoräne · Endmoräne · Sander · Urstromtal · Lössablagerung

Gletscher

Findling

In der Geschichte der Erde war das heutige Norddeutschland dreimal vereist. Die letzte Eiszeit begann vor 120 000 Jahren und endete vor etwa 11 000 Jahren. Weil damals die Temperaturen dauerhaft zurückgingen, fielen die Niederschläge als Schnee. Dieser verfestigte sich zu Eis. Durch den Druck der hohen Eisschichten entstanden die Gletscher.

Die Gletscher rissen große Steine aus dem Untergrund und schoben Massen von Gestein, Ton und Sand vor sich her. Der Untergrund wurde zu Wällen, den Endmoränen, aufgetürmt. Auf dem Transport wurden die Ecken und Kanten der Steine abgeschliffen. Nach der Gletscherschmelze blieben sehr große Steine, die Findlinge, liegen.

1 Beschreibe mit eigenen Worten die Entstehung der Gletscher.

2 Erkläre, wie die Findlinge nach Niedersachsen gekommen sind.

● M 1 Bilder vergleichen, Seite 5
● M 2 Informationen sammeln und verarbeiten, Seite 6
● M 3 Mit einem Lexikon arbeiten, Seite 6
■ Naturlandschaften in Niedersachsen, Seite 58/59

Die Flächen unter dem Gletscher werden Grundmoränen genannt. Zum Ende der Eiszeit tauten die Gletscher vom Rand her ab. Schmelzwasser spülten aus den Grundmoränen leichtere Materialien wie Sand und Kies aus. Diese lagerten sich als Sander ab. Die Lüneburger Heide liegt auf einer Sanderfläche.

Grundmoräne

Riesige Mengen Schmelzwasser liefen durch die Gletschertore ab und sammelten sich in breiten Tälern, die zu Urstromtälern wurden. In den Urstromtälern floss das Wasser zum Meer. Das Schmelzwasser der Gletscher schuf so die Urstromtäler des Weser-Aller-Gebietes und der Elbe.

Urstromtal (Aller)

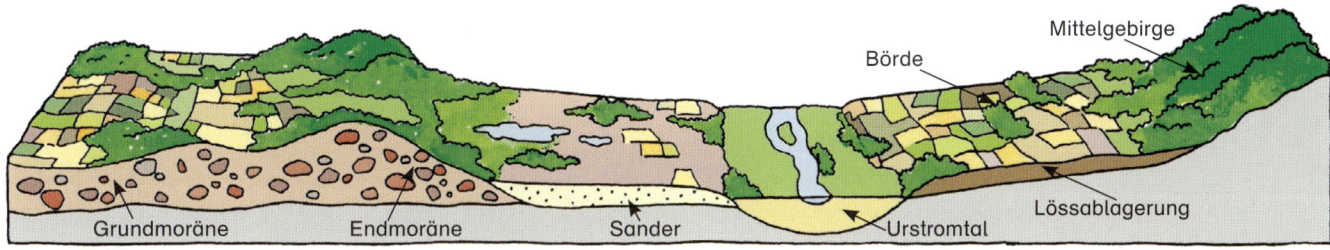
Grundmoräne   Endmoräne   Sander   Urstromtal   Börde   Mittelgebirge   Lössablagerung

Endmoräne

Börde   Lössboden

Die Wälle der Endmoräne kennzeichnen die Linie, wo der Gletscher zum Stillstand kam. Die Böden der Endmoränen sind meistens stark vermischt. Sie bestehen aus Sand, Ton, Kies und Steinen unterschiedlicher Größe. Die bekannteste Endmoräne Niedersachsens ist der Wilseder Berg. Viele Endmoränen sind heute bewaldet.

Während der Eiszeit entstand der fruchtbare Löss. Das Eis hatte Gestein staubfein zermahlen. Der Gesteinsstaub wurde durch das Wasser ausgeschwemmt und abgelagert. Durch vom Eis herabwehende Winde wurde der Staub weggetragen. Er lagerte sich vor dem Bergland ab und bildete die meterdicken Lössböden der Börde.

3 Beschreibe, wie die Lüneburger Heide und der Wilseder Berg entstanden sind.

4 Finde Lössgebiete auf der Karte auf Seite 58.

▶ Arbeitsheft: Seite 25

Naturlandschaften in Niedersachsen

In Deutschland verfügt nur das Bundesland Niedersachsen über Meeresküsten, Tiefland und Bergland. Seine Naturlandschaften sind in vielen Tausend Jahren durch starke Naturkräfte entstanden. Das Meer gestaltete die Inseln, das Watt und die Marsch. Vor der Küste liegen die Ostfriesischen Inseln. Sie sind geprägt von Dünen und langen Sandstränden. Entlang der Küste und weit bis ins Binnenland erstreckt sich die Marsch.

Die Geest mit ihren Hügeln ist während der Eiszeiten durch Gletscher entstanden. Teilweise bildeten sich Moore. Die Börde ist mit Löss bedeckt, der während der Eiszeit dort angeweht wurde.

Das Bergland erstreckt sich im südlichen Niedersachsen. Dazu gehören Teile des Wiehengebirges und des Teutoburger Waldes sowie das Weserbergland und das Leinebergland. Der Harz mit den höchsten Bergen Niedersachsens gehört bereits zu den Mittelgebirgen.

1 Stelle mithilfe der Karte fest, in welcher Naturlandschaft dein Wohnort liegt.

2 Die Marsch und die Börde haben fruchtbare Böden. Vergleiche ihre Entstehung.

3 Beschreibe mit eigenen Worten die Entstehung der Naturlandschaften.

● **M 1 Bilder vergleichen, Seite 5**
● **M 2 Informationen sammeln und verarbeiten,** Seite 6
● **M 3 Mit einem Lexikon arbeiten, Seite 6**
■ Die Eiszeit, Seite 56/57

Die Ostfriesischen **Inseln** entstanden nach der letzten Eiszeit durch das Wirken von Wasser und Wind. Abgelagerter Sand bildete Sandbänke, aus denen Dünen und Inseln wurden.

Das **Watt** bildete sich nach der letzten Eiszeit. Schwebstoffe aus dem Meer lagerten sich dort ab. Das Watt wird zweimal am Tag vom Nordseewasser überflutet.

Die **Marsch** entstand durch Ablagerungen von Schwebstoffen (Schlick) der Nordsee. Deiche schützen das Land. Der fruchtbare Boden wird landwirtschaftlich genutzt.

Die **Geest** bedeckt mehr als die Hälfte Niedersachsens. Die Böden sind locker sandig, teils moorig. Es gibt Äcker, Wälder und Heideflächen. Die Hügel sind Moränen der Eiszeit.

Die **Moore** bildeten sich meist nach der Eiszeit. Stehende Gewässer verlandeten. Aus Pflanzenresten bildete sich Torf. Darauf siedelten sich Torfmoose an.

Die **Urstromtäler** (Flusstäler) wurden durch Schmelzwasser der Gletscher geformt, die in die Nordsee abflossen. Elbe, Aller und Weser fließen in alten Urstromtälern.

Die **Börde** entstand während der Eiszeit, als Winde Bodenteilchen herantrugen und hier ablagerten. Die fruchtbaren Lössböden werden landwirtschaftlich intensiv genutzt.

Das **Hügel-** und **Bergland** ist oft bewaldet. Hügelland hat Erhebungen bis 200 m Höhe. Das Bergland ist zwischen 200 m und 500 m hoch, das Mittelgebirge 500 m bis 1500 m.

Verkehr und Wirtschaft in Niedersachsen

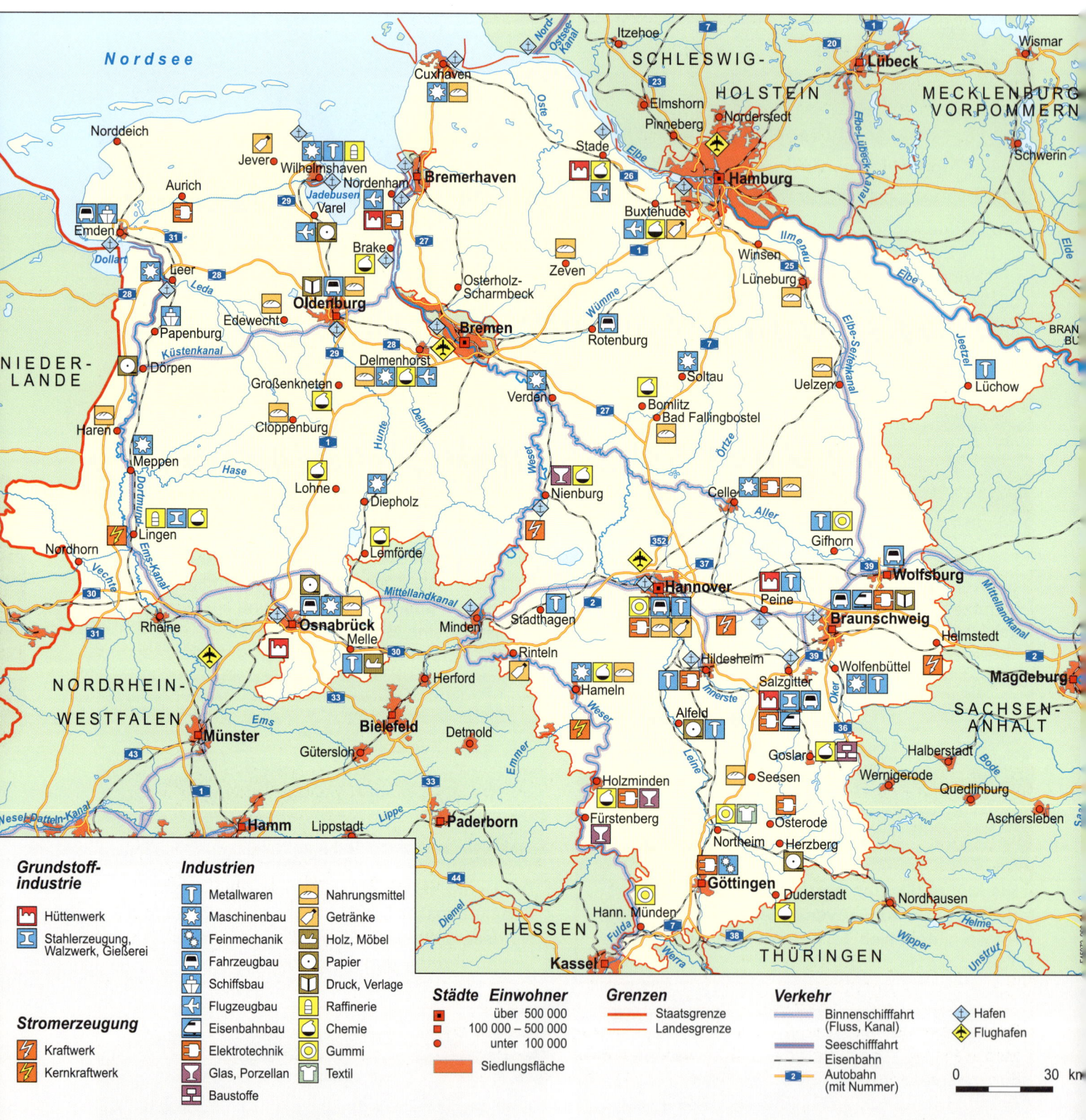

Grundstoff-industrie
- Hüttenwerk
- Stahlerzeugung, Walzwerk, Gießerei

Stromerzeugung
- Kraftwerk
- Kernkraftwerk

Industrien
- Metallwaren
- Maschinenbau
- Feinmechanik
- Fahrzeugbau
- Schiffsbau
- Flugzeugbau
- Eisenbahnbau
- Elektrotechnik
- Glas, Porzellan
- Baustoffe
- Nahrungsmittel
- Getränke
- Holz, Möbel
- Papier
- Druck, Verlage
- Raffinerie
- Chemie
- Gummi
- Textil

Städte Einwohner
- über 500 000
- 100 000 – 500 000
- unter 100 000
- Siedlungsfläche

Grenzen
- Staatsgrenze
- Landesgrenze

Verkehr
- Binnenschifffahrt (Fluss, Kanal)
- Seeschifffahrt
- Eisenbahn
- Autobahn (mit Nummer)
- Hafen
- Flughafen

0   30 km

In Niedersachsen gibt es verschiedene Verkehrswege: Autobahnen, Straßen, Eisenbahnlinien, schiffbare Flüsse, Kanäle, Seen, Küstengewässer und Luftwege.

Für die Menschen ist ein gut erschlossenes Verkehrsnetz wichtig, um zum Beispiel den Arbeitsplatz oder Urlaubsort zu erreichen.

Die Industrie benötigt gute Verkehrswege zur Anlieferung von Rohstoffen und zum Transport von Waren.

Deshalb werden Verkehrswege ausgebaut oder neue geplant.

■ Verschiedene Verkehrsmittel, Seite 40/41

In Niedersachsen werden viele unterschiedliche Produkte erzeugt. Viele Grundstoffe wie Kohle und Erz müssen zu den Produktionsstätten gebracht werden. Fertige Produkte werden abtransportiert. Hierfür ist ein leistungsfähiges und gut ausgebautes Verkehrsnetz erforderlich.

Hafenanlage

1 Nenne Beispiele dafür, auf welchen Verkehrswegen Güter in Niedersachsen transportiert werden können.

2 Betrachte die Fotos und lies die Texte.

Im Fahrzeugbau in Niedersachsen werden Pkw und Lkw hergestellt.

In den Unternehmen der Stahlindustrie werden zum Beispiel Stahlträger produziert.

Auf Werften werden Schiffe gebaut, zum Beispiel Kreuzfahrtschiffe oder Frachtschiffe.

Die Chemische Industrie stellt zum Beispiel Parfümöle oder Farben und Lacke her.

In der Nahrungsmittelindustrie werden zum Beispiel Backwaren oder Getränke hergestellt.

Im Flugzeugbau werden viele verschiedene Bauteile für Flugzeuge produziert.

3 Zeichne eine Tabelle. Notiere zu jedem Industriezweig zwei Standorte und die dort vorhandenen Verkehrswege.

Industriezweig	Standorte	Verkehrswege

4 Suche deinen Wohnort. Nenne Beispiele für Industriezweige in deiner Nähe.

5 Nenne mithilfe der Karte weitere Standorte für verschiedene Industriezweige in Niedersachsen.

▶ Arbeitsheft: Seite 29   ○ Lernsoftware: Nr. 34–36

Hannover – die Landeshauptstadt

Marktkirche ① und Altes Rathaus ②

Landtagsgebäude

Neues Rathaus

Hannover ist die Landeshauptstadt und die größte Stadt Niedersachsens.

Um 950 entwickelte sie sich aus einer kleinen Siedlung an einem Übergang über die Leine. Bereits um 1350 war Hannover eine Hansestadt. Ab 1637 wurde sie zur Residenzstadt des Welfenherzogs Georg von Calenberg.

Seit 1946 ist Hannover Landeshauptstadt des Bundeslandes Niedersachsen.

Der niedersächsische Landtag hat seinen Sitz im Leineschloss. Das Neue Rathaus wurde von 1901 bis 1913 auf 6026 Buchenpfählen gebaut und sieht aus wie ein Schloss. Es ist ein Wahrzeichen Hannovers. Ein Bogenaufzug führt in die Kuppel des Gebäudes. Von der Aussichtsplattform hat man einen weiten Blick auf viele Sehenswürdigkeiten der Stadt, zum Beispiel den Maschsee und die Marktkirche in der Altstadt. Mit ihrem 97 Meter hohen Turm ist die Marktkirche ein weiteres Wahrzeichen der Stadt. Hannover ist ein wichtiger Standort für Wirtschaft und Wissenschaft. Viele Menschen arbeiten in großen Industriebetrieben und Dienstleistungsbetrieben, zum Beispiel Banken. Weitere Arbeitsplätze bieten die Hochschulen, Universitäten und Forschungseinrichtungen.

1 Lies den Steckbrief. Erstelle einen Steckbrief für deinen Wohnort.

2 Informiere dich über die Sehenswürdigkeiten Hannovers.

Großer Garten

Im Nordwesten der Stadt liegen die Herrenhäuser Gärten. Hier finden jedes Jahr viele kulturelle Veranstaltungen und internationale Feuerwerkswettbewerbe statt. Der Große Garten zählt mit seiner über 72 Meter hohen Fontäne, dem Irrgarten und dem Gartentheater zu den bekanntesten Barockgärten Europas. Im Berggarten gibt es über 12 000 Pflanzenarten und ein Sea Life Aquarium.

3 Vergleiche den Großen Garten mit dir bekannten Gärten und Parkanlagen.

Erlebnis-Zoo Hannover

Ein weiteres beliebtes Ausflugsziel ist der Erlebnis-Zoo Hannover. Er befindet sich westlich der Innenstadt und wurde bereits 1865 gegründet. Heute umfasst er eine Fläche von etwa 220 000 Quadratmetern – das sind etwa 31 Fußballfelder. Über eine Million Besucher kommen jährlich, um in den sieben Themenwelten mehr als 2000 Tiere aus aller Welt zu bestaunen.

4 Suche auf der Freizeitkarte Seite 80/81 nach weiteren Zoos in Niedersachsen.

Gebäude auf dem Messegelände

Im Süden Hannovers liegt das weltweit größte Messegelände. Mit mehr als 27 Hallen und 7 Pavillons ist es fast so groß wie 70 Fußballfelder. Hier finden jährlich viele internationale Messen, Großkonzerte und Sportevents statt. Eine Messe ist eine zeitlich begrenzte Veranstaltung, bei der Unternehmen ihre Dienstleistungen oder Waren ausstellen, erklären und verkaufen können.

Intelligente Roboter

Von weltweiter Bedeutung sind die AGRITECHNICA (Messe für Landtechnik) und die Hannover-Messe (Industriemesse), bei der zum Beispiel lernfähige Maschinen und intelligente Roboter gezeigt werden.

5 225 000 Menschen besuchten 2017 die Industriemesse. Vergleiche die Besucherzahl mit der Einwohnerzahl deines Wohnortes.

Bedeutende Städte in Niedersachsen

Hildesheim: Marktplatz

Delmenhorst: Rathaus

Wilhelmshaven: Kaiser-Wilhelm-Brücke

Celle: Altes Rathaus

Hameln: Fachwerkhäuser

Niedersachsen ist mit einer Fläche von etwa 47 600 km^2 das zweitgrößte Bundesland Deutschlands. Von den rund acht Millionen Einwohnern leben etwa zwei Millionen in den 14 größten Städten Niedersachsens. Eine Stadt mit mehr als 100 000 Einwohnern wird als Großstadt bezeichnet.

Die 14 größten Städte in Niedersachsen:

Städte	Einwohner (Stand: 31.12.2020)
1. Hannover	534 000
2. Braunschweig	248 600
3. Oldenburg	169 600
4. Osnabrück	164 200
5. Wolfsburg	123 800
6. Göttingen	116 800
7. Salzgitter	103 900
8. Hildesheim	101 000
9. Delmenhorst	77 500
10. Wilhelmshaven	75 200
11. Lüneburg	75 300
12. Celle	69 400
13. Garbsen	61 000
14. Hameln	57 300

1 Finde die großen Städte Niedersachsens auf der Übersichtskarte auf Seite 54/55.

2 Lege eine Tabelle an und trage den Stadtnamen, die Einwohnerzahl und das entsprechende Planquadrat aus der Karte ein.

Stadt	Einwohner	Planquadrat

3 Unterstreiche in deiner Tabelle die Städte, die als Großstadt bezeichnet werden. Wie viele Großstädte gibt es in Niedersachsen?

4 Wähle eine Stadt aus und sammle Informationen über diese Stadt. Schreibe einen Steckbrief. Der Stadt-Steckbrief von Hannover auf Seite 62 hilft dir.

Die Entwicklung **Oldenburgs** begann um 1100 mit dem Bau einer Wasserburg am Fluss Hunte. Im Schutz der Burg entstand eine Siedlung, die 1345 das Stadtrecht erhielt und durch eine Stadtmauer befestigt wurde. Der heute noch erhaltene Pulverturm ist ein Teil dieser Befestigungsanlage. Aus der Burg wurde um 1615 ein Barockschloss.

1676 brannte Oldenburg fast vollständig nieder. Nur wenige Gebäude blieben erhalten, zum Beispiel das Haus Degode, der Lappan (ein ehemaliger Glockenturm, jetzt Wahrzeichen der Stadt), die Lamberti-kirche, das Rathaus und das Schloss. Heute ist Oldenburg eine bedeutende Universitäts- und Handelsstadt. Über den wichtigsten Binnenhafen Niedersachsens führt die größte Eisenbahnklappbrücke Europas.

Schloss

Osnabrück entwickelte sich an einer Furt des Flusses Hase. Da hier wichtige Handelswege zusammentrafen, ließ Kaiser Karl der Große 780 am Flussübergang eine Kirche bauen. Aus der Marktsiedlung und dem Bischofssitz entwickelte sich im Mittelalter eine reiche Handels- und Hansestadt. Osnabrück wird auch als „Friedensstadt" bezeichnet, weil hier 1648 der Dreißigjährige Krieg beendet wurde.

Osnabrück ist heute eine wichtige Bischofs-, Industrie- und Universitätsstadt.

In der Altstadt und auf dem Markt sind viele Sehenswürdigkeiten zu entdecken, zum Beispiel der Dom, das Rathaus, das Schloss und die alten Giebelhäuser.

Rathaus

Göttingen wurde 953 erstmals in einer Urkunde erwähnt. Im Mittelalter wurde Göttingen eine reiche Handels- und Hansestadt, die im Dreißigjährigen Krieg aber verarmte. Als König Georg II. von Großbritannien und Kurfürst von Hannover 1734 die Universität „Georgia Augusta" gründete, gewann Göttingen wieder an Ansehen. Heute ist die Universität mit über 31 000 Studierenden die älteste und größte in Niedersachsen. Fast ein Viertel der Einwohner in Göttingen sind Studierende.

Die Altstadt ist mit den Fachwerkhäusern und der Wallanlage ein beliebtes Ziel für Besucher. Vor dem alten Rathaus steht das Gänseliesel, das Wahrzeichen der Stadt.

Altes Rathaus mit Gänselieselbrunnen

Die Nordseeküste

Sandstrand mit Strandkörben

Niedrigwasser

Hochwasser

Wattenmeer

Sturmflut

Die Nordseeküste und die sieben bewohnten Ostfriesischen Inseln sind beliebte Urlaubsziele. Die Landschaften an der Nordseeküste sind geprägt von Wind und Meer. Ebbe und Flut tragen Land ab und spülen es an anderen Stellen der Küste wieder an. Das zweimal am Tag ablaufende Wasser heißt Ebbe, das zweimal auflaufende Wasser heißt Flut. Zwischen dem höchsten Wasserstand (Hochwasser) und niedrigsten Wasserstand (Niedrigwasser) liegen etwas mehr als sechs Stunden. Ebbe und Flut nennt man zusammen Gezeiten oder Tiden. Ausgelöst werden sie durch die Anziehungskraft des Mondes und durch die Erddrehung.
Bei auflaufendem Wasser ist das Baden in der Nordsee an bestimmten Strandabschnitten erlaubt. Bei Ebbe fallen weite Teile vor der Küste trocken. Dieses Gebiet ist das Watt. Das Niedersächsische Wattenmeer umfasst das gesamte Küstengebiet und die Ostfriesischen Inseln. Es bietet Lebensraum für unzählige Pflanzen und Tiere. Um das Niedersächsische Wattenmeer besonders zu schützen, wurde es zum Nationalpark erklärt. Bei besonders heftigen Stürmen kann es zu hohen, gefährlichen und folgenschweren Sturmfluten kommen. Die gesamte Küste ist daher durch hohe und breite Deiche gesichert. Auf den Inseln schützen auch Dünen, vom Wind aufgewehte Sandberge, vor dem Hochwasser.

1 Notiere von West nach Ost die Namen der Ostfriesischen Inseln.

2 Finde auf der Karte Seite 80/81 den Nationalpark Niedersächsisches Wattenmeer. Beschreibe seine Lage.

Ostfriesland

Deich mit Schafen

Ostfriesische Landschaft

Pumpwerk und Sieltor

Ostfriesland ist eine ausgedehnte, flache Landschaft im Nordwesten Niedersachsens. Weite Teile Ostfrieslands sind Marschgebiete. Sie schließen direkt an das Watt an und wurden durch die Nordsee gestaltet. Bevor es Deiche gab, wurde die Marsch oft vom Meerwasser überflutet. Sand und Schlick lagerten sich ab und der Boden erhöhte sich. Um das neu gewonnene fruchtbare Marschland vor Überschwemmungen zu schützen und zu besiedeln, bauten die Menschen vor etwa 1000 Jahren erste Deiche. Heute ist die gesamte Küste durch hohe Deiche geschützt. Die Marsch liegt teils nur wenige Meter über dem Meeresspiegel, teils sogar darunter. Der Boden ist daher sehr nass. Um ihn für Ackerbau und Viehzucht zu nutzen, muss er entwässert werden. Deshalb durchziehen viele Gräben die Landschaft. Windmühlen pumpten früher das Wasser in die Gräben. In den Deichen sorgten Sieltore dafür, dass das Wasser bei Ebbe abfließen konnte. Bei Flut wurden die Sieltore durch den Druck des Meerwassers geschlossen. Heute gibt es große motorbetriebene Sieltore und Schöpfwerke, die bei Sturmfluten das Wasser aus der Marsch pumpen. An vielen Sieltoren entstanden Orte mit kleinen Häfen. Die Ortsnamen enden oft mit „-siel".

Torfstich – früher

Fehnsiedlung

Klappbrücke

Torfabbau

In den Geestgebieten Ostfrieslands gab es früher ausgedehnte Moore. Vor etwa 400 Jahren begannen die Menschen unter schwersten Bedingungen, die Moorgebiete zu nutzen. Durch den Bau von Gräben und Kanälen wurde das Moor entwässert und anschließend abgetorft. Der Torf wurde auf Kähnen über die Kanäle zu den umliegenden Orten transportiert und dort als Brennmaterial verkauft. Direkt an den Kanälen entstanden langgestreckte Fehnsiedlungen ohne Ortskern mit vielen Schleusen und Brücken. Die Ortsnamen enden oft mit „-fehn".

1 Suche Ostfriesland auf der Karte Seite 54/55. Notiere Sielorte.

2 Suche Fehnorte auf der Karte Seite 54/55. Notiere sie.

Ammerland und Oldenburger Münsterland

Baumschule

Rhododendron-Park

Ammerländer Bauernhaus

Das **Ammerland** erstreckt sich nordwestlich von Oldenburg mit Weiden und Feldern zwischen Wallhecken und kleinen Wäldern. Der größte Teil der Hochmoore wurde trockengelegt und wird heute als Dauergrünland für Milchkühe und Mastvieh genutzt. Das Ammerland ist ein bedeutendes Baumschulgebiet in Deutschland. Mehr als 200 Baumschulen ziehen zum Beispiel verschiedene Baumarten, Rhododendren und Azaleen heran. Die sauren Böden ehemaliger Moorgebiete bieten gute Wachstums-bedingungen für Rhododendren. Die reich blühenden Sträucher verwandeln das Ammerland im Frühjahr in eine parkähnliche Landschaft. Fast alle Rhododendren, die in Deutschland verkauft werden, stammen aus dem Ammerland.

Beliebte Ziele sind zum Beispiel:
- das Zwischenahner Meer,
- der Rhododendron-Park in Linswege,
- der Park der Gärten in Rostrup und
- das Freilichtmuseum in Bad Zwischenahn mit dem Ammerländer Bauernhaus.

Großer Bauernhof

Massentierhaltung: Schweine

Oldenburger Pferde

Im **Oldenburger Münsterland** wird intensive Viehhaltung betrieben. Keine andere Region Niedersachsens hat eine so hohe Anzahl von großen Geflügelställen, Schweineställen und Rinderställen. Diese Massentierhaltung ist nicht unproblematisch: Durch die vielen Tiere fällt erheblich mehr Gülle an, als zum Düngen der Äcker gebraucht wird. Viele Böden sind daher überdüngt. Die Pflanzen können die Nährstoffe aus dem Dünger nicht mehr aufnehmen. So gelangen gesundheitsschädliche Stoffe in das Grundwasser und damit in das Trinkwasser.

Weitbekannt ist das Oldenburger Münster-land unter anderem für:
- die vielen Reit- und Sportpferde,
- den Dümmer, den zweitgrößten Binnensee Niedersachsens und
- das Freilichtmuseum Cloppenburg, in dem es historische, originalgetreu eingerichtete Bauernhäuser und Windmühlen gibt.

1 Beschreibe, wie der Mensch die Landschaft im Ammerland und Oldenburger Münsterland nutzt.

Osnabrücker Land

Teutoburger Wald

Osnabrücker Land

Saurierspuren auf einer Felswand

Das Osnabrücker Land liegt im Südwesten Niedersachsens und ist durch eine abwechslungsreiche Landschaft mit Flüssen, Wiesen, Hügeln und Bergen geprägt. Viele Besucher kommen in die Kur- und Badeorte, um die Sole der Heilquellen zu trinken oder in Salzwasser zu baden.

Mitten im Osnabrücker Land liegt einer der größten Naturparks Deutschlands, der Geopark TERRA.vita. Dort kann man die Erdgeschichte erkunden. In Steinbrüchen, Sandgruben und Felsen sind Spuren vergangener Zeiten zu entdecken. Zu den bekanntesten gehören die versteinerten Saurierspuren in Bad Essen-Barkhausen. Nördlich von Osnabrück liegt einer der größten Findlinge Niedersachsens. Er ist 3 m lang, 2,50 m breit und 250 000 kg schwer.

Auf dem Gräberfeld Giersfeld gibt es Großsteingräber aus der Jungsteinzeit und Bronzezeit.

Großsteingrab: Karlsteine bei Osnabrück

In Kalkriese bei Bramsche wurden bei Ausgrabungen Münzen, Waffen und Ausrüstungsgegenstände römischer Soldaten gefunden. Freigelegte Wallabschnitte deuten auf eine römische Befestigungsanlage hin. Vermutlich hat sich dort im Jahre 9 n. Chr. die Varusschlacht ereignet. Dabei wurden die Römer von den Germanen in einen Hinterhalt gelockt und besiegt. Im Museum und Park Kalkriese können die Funde besichtigt werden.

Fundstücke: Römische Münzen

1 Nenne Orte und Sehenswürdigkeiten, die dich bei einem Ausflug in das Osnabrücker Land am meisten interessieren würden. Begründe deine Auswahl.

■ Die Römer, Seite 117

Bremen

Bremer Stadtmusikanten

Dom, Roland und Rathaus

Universum Bremen

Klimahaus u. Hotel Sail City, Bremerhaven

Die Freie Hansestadt Bremen ist das kleinste Bundesland Deutschlands. Es besteht aus der Großstadt Bremen und der 54 km entfernten Seestadt Bremerhaven. Bremen hat sich aus einer kleinen Fischersiedlung entwickelt. Kaiser Karl der Große ließ dort im Jahr 780 eine Kirche bauen. An dieser Stelle wurde später der mächtige Dom St. Petri gebaut.

Bremen entwickelte sich durch den Hafen zu einem wichtigen Handels- und Marktort. 1358 wird die Stadt Mitglied im Hansebund. 1404 stellten die Kaufleute als Zeichen der Stadtfreiheit zwischen Dom und Rathaus die Rolandsfigur auf. Sie ist Bremens Wahrzeichen. Das historische Rathaus wurde von 1405 bis 1410 gebaut. An der Westseite des Rathauses steht das Denkmal der Bremer Stadtmusikanten. Das Märchen der Gebrüder Grimm spielte im Bremer Umland. Zu den neueren Sehenswürdigkeiten Bremens gehört das Universum, eine interaktive Wissenschaftsausstellung.

1827 gründeten Bremer an der Mündung der Geeste Bremerhaven. Die Häfen von Bremen und Bremerhaven sind durch den Umschlag von Waren für das Bundesland Bremen wichtige Wirtschaftsbereiche. Zu den Attraktionen Bremerhavens gehört das Klimahaus. Besucher entdecken dort die verschiedenen Klimazonen der Erde.

Steckbrief

Name: Bremen und Bremerhaven
Autokennzeichen: HB
Fluss: Bremen   Weser
         Bremerhaven   Weser, Geeste
Einwohnerzahl: Bremen   566 600
(31.12.2020)   Bremerhaven   113 600
Fläche:
Bundesland Bremen   419 km²
davon Stadt Bremen   325 km²
      Stadt Bremerhaven   94 km²
Bedeutende Industrie- und Wirtschaftszweige: Warenumschlag in den Häfen, Sitz von Schifffahrtsgesellschaften, Tourismus, Luftfahrtindustrie
Bekannteste Sehenswürdigkeiten: Dom, Roland, Universum, Klimahaus, Übersee- und Schifffahrtsmuseum

1 Vergleiche die Industrie- und Wirtschaftszweige von Bremen und Hamburg.

2 Beschreibe die Entwicklung von Bremen und Hamburg zur Hansestadt.

● **M 1 Bilder vergleichen, Seite 5**
● **M 2 Informationen sammeln und verarbeiten, Seite 6**
■ So bearbeitest du die Städte- und Landschaftsseiten, Seite 146

Hamburg

Rathaus

Kirche St. Michaelis

Elbphilharmonie

Hamburg ist mit 775 km² das zweitkleinste Bundesland, mit 1 851 400 Einwohnern nach Berlin die zweitgrößte Stadt Deutschlands. Ab 810 ließ Karl der Große die Hammaburg bauen. Damit begann die Entwicklung der Stadt Hamburg. Der Beitritt zur Hanse 1321 führte früh zum Aufstieg zu einer bedeutenden Handelsstadt. Über Kanäle und die Elbe war der Zugang zur Nordsee frei.

Der Hamburger Hafen ist Deutschlands größter Seehafen. Waren aus aller Welt kommen dort an (Importwaren) oder werden in andere Länder verschifft (Exportwaren). Hauptsächlich werden Container mit Stückgütern (Elektrogeräte, Gewürze, Kaffee, Früchte) abgefertigt. Mit mehr als 30 000 Beschäftigten ist Hamburg ein führender Standort der Luftfahrtindustrie. Insgesamt arbeiten in Hamburg täglich mehr als 1 Million Menschen, von denen 340 000 aus den umliegenden Bundesländern jeden Tag nach Hamburg pendeln. Das Wahrzeichen Hamburgs ist die St. Michaelis-Kirche, kurz „Michel" genannt. Zahlreiche Einrichtungen und Sehenswürdigkeiten ziehen Gäste aus aller Welt an. Dazu gehören das Rathaus und die Elbphilharmonie, ein Konzerthaus im Stadtteil Hafencity. Hamburg bietet viele Arbeitsplätze, Bildungseinrichtungen, Einkaufs- und Freizeitangebote. Dadurch ist Hamburg für das nahe Umland und für Deutschland ein bedeutendes Zentrum, auch Metropole genannt.

Hafen

Steckbrief

Name: Hansestadt Hamburg
Autokennzeichen: HH
Fluss: Elbe
Einwohnerzahl: 1 851 400 (31.12.2020)
Fläche: 755 km²
Bedeutende Industrie- und Wirtschaftszweige:
Handel, Luftfahrtindustrie, Logistik, (Verteilung der Güter), Elektrotechnik, Maschinenbau, Medien, (Zeitungen, Fernsehen), Banken, Versicherungen
Bekannteste Sehenswürdigkeiten:
Rathaus, Hamburger Hafen, Fischmarkt, Museumshafen, Elbphilharmonie, Hafencity, Speicherstadt, St. Michaelis-Kirche

1 Nenne die Nachbarbundesländer Hamburgs, aus denen die Pendler kommen.

2 Beschreibe mit eigenen Worten, warum Hamburg eine große Bedeutung hat.

● **M 1** Bilder vergleichen, Seite 5
● **M 2** Informationen sammeln und verarbeiten, Seite 6

■ So bearbeitest du die Städte- und Landschaftsseiten, Seite 146
■ Die Bundesländer, Seite 82/83

Lüneburger Heide

Heidelandschaft

Bienenstöcke

Kartoffelfeld

Heidschnucken

Im Nordosten Niedersachsens erstreckt sich zwischen den Flüssen Aller und Elbe die Landschaft Lüneburger Heide. Sie entstand durch den Einfluss des Menschen. Als das Gebiet vor 5000 Jahren besiedelt wurde, wuchsen hier noch Laubwälder. Durch Abholzung von Wäldern, Brandrodungen und intensive Beweidung entstanden immer größere Waldlichtungen.

Da die Tiere die Jungbäume fraßen, konnte kein neuer Wald entstehen. Auf den sandigen, nährstoffarmen Böden der Geest breitete sich nun das Heidekraut aus. Ackerbau war nur auf wenigen Flächen möglich. Die Heidebauern hielten daher Schafe (Heidschnucken) und Bienen, die den Nektar der Heideblüten sammelten und das Heidekraut bestäubten. Die Heidschnucken waren Lieferanten von Wolle, Fleisch und Dünger. Durch die Beweidung sorgten sie aber auch für den Erhalt und die Ausbreitung dichter Heideflächen.

Vor etwa 200 Jahren verschwanden diese ausgedehnten Heideflächen. Mit der Erfindung des Kunstdüngers konnten nun auch auf den kargen Sandböden zum Beispiel Kartoffeln, Roggen und Spargel ertragreich angebaut werden. Die Schafhaltung wurde nahezu eingestellt. Weite Gebiete wurden zudem mit schnell wachsenden Kiefern aufgeforstet.

Um die letzten Heidegebiete zu erhalten, wurden die Flächen um den Wilseder Berg 1921 unter Naturschutz gestellt. Heute gehören sie zu Deutschlands erstem Naturpark. Große Heidschnuckenherden halten das Heidekraut kurz und verhindern die Ausbreitung von Birken und Kiefern.

Die Heideblüte im August und September lockt jedes Jahr Tausende von Touristen an. Um die Heideflächen zu schützen, dürfen die Besucher den Naturpark nur zu Fuß, mit dem Rad oder einer Pferdekutsche auf den vorgegebenen Wegen erkunden. Autofahren ist im Naturschutzgebiet verboten.

1 Beschreibe und erkläre, wie der Mensch die Heidelandschaft geschaffen und verändert hat.

2 Suche auf der Karte Seite 54/55 den Wilseder Berg. Notiere das Planquadrat und die Höhe des Berges.

Lüneburg

Am nordöstlichen Rand der Lüneburger Heide am Fluss Ilmenau liegt die Salz- und Hansestadt Lüneburg. 956 wurde Lüneburg erstmals in einer Urkunde erwähnt. Zu dieser Zeit gab es auf dem Kalkberg eine Burg und ein Kloster. Am Fuße des Berges war bereits eine Saline. Aus den dortigen Siedlungen und einem weiteren Dorf entwickelte sich die Stadt Lüneburg.

Der Handel mit Salz, dem „weißen Gold" des Mittelalters, machte Lüneburg zu einer reichen Handels- und Hansestadt. Salz war im Mittelalter Mangelware und deshalb sehr wertvoll und teuer.

Da es damals noch keine Kühlschränke gab, wurden Fleisch und Fisch in Salz eingelegt, um sie haltbar zu machen. Das Salz wurde aus dem Salzwasser (Sole), einer Quelle unterhalb der Stadt, gewonnen. In großen Bleipfannen wurde es über dem Feuer erhitzt. Das Wasser verdampfte und das Salz blieb zurück. Es wurde abgefüllt und bis nach Lübeck und in den Nord- und Ostseeraum transportiert.

Noch heute erinnern die prächtigen Giebel der Kaufmannshäuser an den Reichtum der mittelalterlichen Stadt. Die historische Alt-stadt ist ein attraktives Tourismusziel. Zu den bekannten Sehenswürdigkeiten zählen
- die etwa 1300 denkmalgeschützten Backsteinhäuser,
- der hölzerne Kran (das Wahrzeichen des Alten Hafens),
- der Stintmarkt,
- das Rathaus,
- der Wasserturm,
- die Johanniskirche und
- das deutsche Salzmuseum am Ort der ehemaligen Saline.

Viele Menschen arbeiten heute in Industrie-, Handwerks- und Dienstleistungsbetrieben der Stadt. Zahlreiche Arbeitsplätze bietet auch die Universität Lüneburgs.

Rathaus

Salzsieden

Stintmarkt

Johanniskirche am Platz Am Sande

1 Erkläre, warum das Salz damals „Weißes Gold" genannt wurde.

2 Informiere dich über die Sage von der Lüneburger Salzsau.
Wie wurde demnach das Salz entdeckt?

Die Börde

Bördelandschaft mit Haufendörfern

Getreideernte

Zuckerrübenernte

Maisfeld

Im Südosten Niedersachsens erstreckt sich vor dem Hügel- und Bergland die Börde. In der flachen, weiträumigen Landschaft liegen die Städte Hannover, Peine, Braunschweig, Salzgitter und Hildesheim.

Der Lössboden der Börde bietet beste Voraussetzungen für den Ackerbau. Er ist sehr nährstoffreich und kann Feuchtigkeit gut speichern.

Aufgrund der ausgezeichneten Bedingungen für den Ackerbau und die Viehzucht wurde die Börde schon früh von Menschen besiedelt. Dabei entstanden viele Haufendörfer, in denen die Bauernhöfe mal mehr oder weniger dicht und „ungeregelt" beieinanderliegen. Die Felder waren meist schmal. Später wurden sie für den Einsatz moderner großer Maschinen zusammengelegt. Es entstanden große Felder mit neuen Zufahrtswegen.

Auf den Feldern der Börde werden im jährlichen Wechsel vor allem Zuckerrüben, Weizen und Gerste angebaut. Inzwischen werden viele Felder auch für den Maisanbau genutzt, da Mais zur Herstellung von Biogas eingesetzt wird.

Durch die Aufgabe kleiner Bauernhöfe und den Einsatz von Maschinen sind in den letzten 100 Jahren viele Arbeitsplätze in der Landwirtschaft weggefallen. Die Menschen arbeiten nun hauptsächlich in der Industrie und in den Dienstleistungsunternehmen in den Städten, zum Beispiel in Verwaltungen, Banken, Hotels und Versicherungen.

1 Beschreibe die Veränderungen in der Börde seit der Ansiedlung der ersten Dörfer bis heute.

▪ Die Eiszeit, Seite 56/57
▪ Naturlandschaften in Niedersachsen, Seite 58/59

Städte in der Börde

Braunschweig wird im Jahr 1031 erstmals in einer Urkunde erwähnt. Die Siedlung lag an einer Furt, an der Händler den Fluss Oker gut überqueren konnten. Mehrere wichtige Handelsstraßen kreuzten sich hier. Heinrich der Löwe, Herzog von Sachsen, wählte 1142 den Ort als seinen Regierungssitz. So wurde Braunschweig zur Residenzstadt. Die Burg Dankwarderode, der Dom und das Wahrzeichen der Stadt – das Löwenstandbild auf dem Burgplatz – erinnern noch heute an diese Zeit. Im Mittelalter entwickelte sich Braunschweig zu einer reichen und bedeutenden Hansestadt.

Im Zweiten Weltkrieg wurde die Innenstadt stark zerstört. Einige Gebäude wurden wieder aufgebaut. Besonders sehenswert sind zum Beispiel der Dom, die Burg mit der Löwenstatue, der Altstadtmarkt mit dem Rathaus, das Gewandhaus, das Magniviertel und das Happy RIZZI House.

Braunschweig ist heute ein wichtiger Standort für Industrie, Forschung und Wissenschaft. Mehr als 20 000 Studierende und etwa 2500 Wissenschaftler sind an der ältesten Technischen Universität Deutschlands und in den Forschungseinrichtungen tätig.

Burg Dankwarderode, Dom und Löwe

Wolfsburg ist eine junge, moderne Industriestadt an der Aller. Die Entstehung der Stadt ist mit der Gründung des Volkswagenwerkes im Jahre 1938 eng verbunden. Der Standort für das Werk ist günstig. In der Nähe liegen der Mittellandkanal, eine Bahnlinie und eine Autobahn sowie die Stahlwerke in Salzgitter.

Um für die Arbeiter Wohnraum zu schaffen, wurde durch den Zusammenschluss mehrerer Gemeinden die „Stadt des Kraft-durch-Freude-Wagens (KdF)" gegründet. Anstelle der geplanten preiswerten Personenwagen wurden während des Zweiten Weltkrieges Waffen und Militärfahrzeuge produziert. Nach dem Krieg wurde die Stadt nach der nahe gelegenen Wolfsburg benannt. In der wiederaufgebauten, vergrößerten Fabrik begann die erfolgreiche Produktion des „VW-Käfer". Schnell wuchs die Einwohnerzahl. Wolfsburg wurde eine Großstadt.

Bis heute ist das VW-Werk von größter wirtschaftlicher Bedeutung. Volkswagen ist der größte Autohersteller weltweit (Stand 19.01.2018) und zudem der größte Arbeitgeber in Niedersachsen.

Wolfsburg bietet viele attraktive Freizeiteinrichtungen, zum Beispiel den Allerpark, das Planetarium, die Autostadt und das Wissenschaftszentrum Phaeno.

1 Vergleiche die Entstehungsgeschichte der beiden Städte. Nenne Gründe für die Auswahl der Standorte.

Blick auf Wolfsburg und das VW-Werk

Der Harz

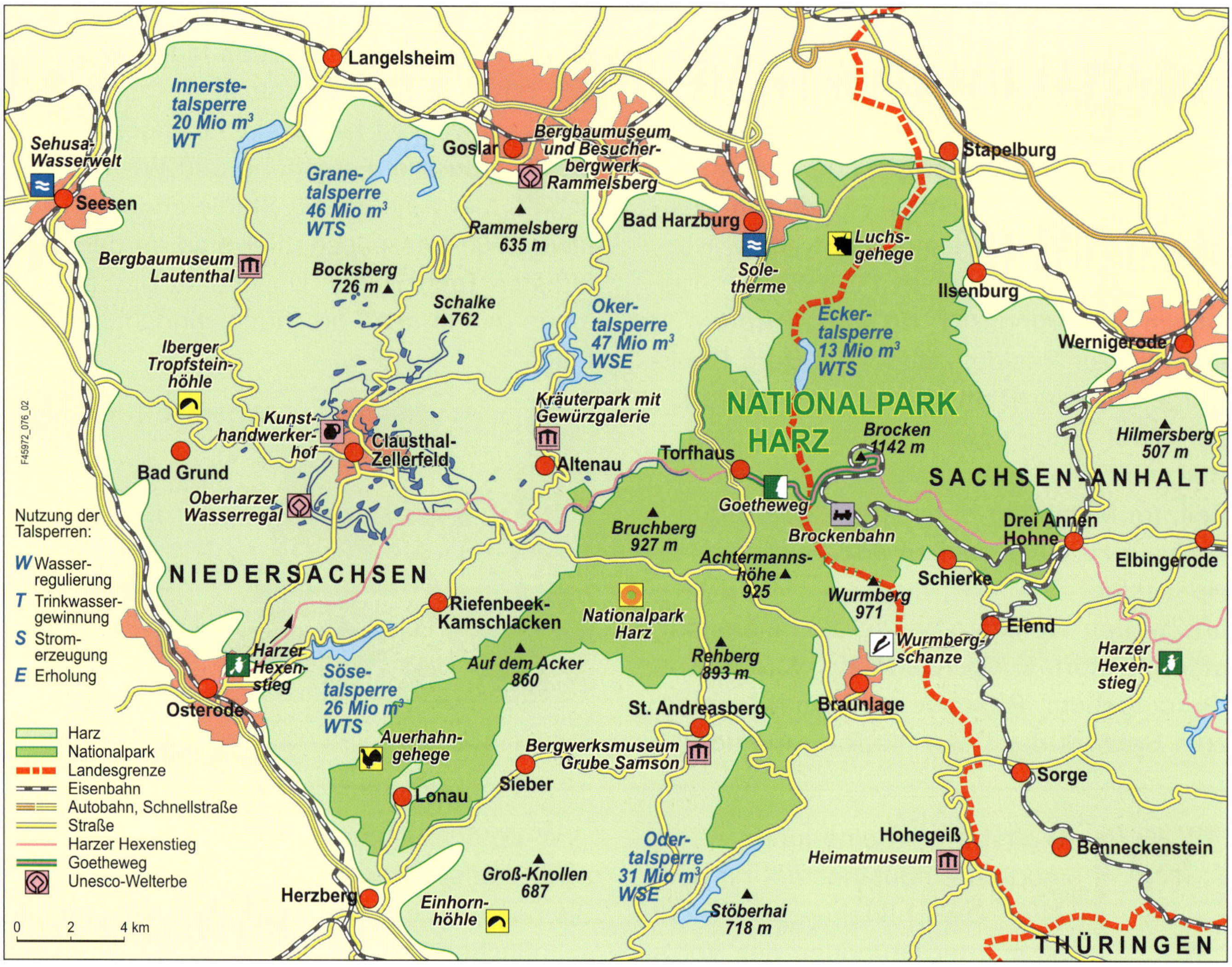

Der Harz ist für viele Touristen aus dem Inland und Ausland ein reizvolles Urlaubsziel. Er bietet Feriengästen und Tagesausflüglern eine besondere Naturlandschaft und eine Vielzahl an Sehenswürdigkeiten und Erholungsmöglichkeiten.

Der Harz ist das höchste Gebirge Norddeutschlands und zählt zu den Mittelgebirgen. Die Fläche des Harzes erstreckt sich über die drei Bundesländer Niedersachsen, Sachsen-Anhalt und Thüringen. Der höchste Berg des Harzes ist der Brocken. Er liegt in Sachsen-Anhalt und hat eine Höhe von 1141 m. Der höchste Berg in Niedersachsen ist der Wurmberg.

Der Harz ist ein niederschlagreiches Gebiet. Deshalb gibt es dort viele wasserreiche Bäche und Flüsse. Nach starken Regenfällen oder nach der Schneeschmelze kam es früher im Harzvorland zu Überschwemmungen. In Zeiten längerer Trockenheit führten die Flüsse zu wenig Wasser.

Um diese Schwankungen zu regulieren, wurden sechs große Talsperren in den Tälern am Harzrand gebaut. Einige Talsperren sind heute beliebte Wassersportgebiete.

Talsperre im Harz

Das **Oberharzer Wasserregal** ist ein System aus kilometerlangen Wassergräben und Stauteichen. Es diente früher dem Umleiten und Speichern von Wasser für den Bergbau.

Im **Besucherbergwerk Rammelsberg** in Goslar können Interessierte nachempfinden, wie die Bergleute vor 200 Jahren unter Tage gearbeitet haben.

Im **Nationalpark Hochharz** leben viele bedrohte Tierarten und Pflanzenarten. Die bekannteste Tierart des Harzes ist der Luchs.

Im Winter bieten die **Wintersportgebiete** des Harzes gute Möglichkeiten für Ski alpin, Skilanglauf und Snowboard. Es gibt über 20 Skilifte im Harz.

1 Notiere die Namen und die Höhen der drei höchsten niedersächsischen Berge im Harz.

2 Finde in der Karte Seite 76 die Talsperren.
Welche Aufgaben erfüllen sie?
Nutze die Legende der Karte.
Notiere in einer Tabelle.

3 Finde auf der Karte Seite 76 die abgebildeten Sehenswürdigkeiten.

 = UNESCO-Weltkulturerbe

Wandern im Harz ist beliebt. Bekannte Wanderwege sind der **Goetheweg** und der **Hexenstieg**. Sie führen an vielen Sehenswürdigkeiten des Harzes vorbei.

Landwirtschaft in Niedersachsen

Städte
- ■ über 500 000 Einwohner
- ■ 100 000 – 500 000 Einwohner
- ● unter 100 000 Einwohner

Böden und Nutzung
- Vorwiegend Ackerland
- Ackerland auf Lössböden
- Vorwiegend Grünland
- Wald
- Moor, Heide, Ödland

Sonderkulturen
- Obst
- Gemüse
- Spargel
- Zuckerrüben

Viehzucht
- Rinder
- Schweine
- Geflügel

Grenzen
- Staatsgrenze
- Landesgrenze
- Siedlungsfläche

0   30 km

F45972_078_01

Mehr als die Hälfte der Landesfläche von Niedersachsen wird von etwa 38 000 Landwirtschaftsbetrieben genutzt. Die Landwirtschaft erzeugt hauptsächlich Produkte, die zu Lebensmitteln verarbeitet werden.

Die Landwirtschaft und die Ernährungsindustrie sind nach dem Fahrzeugbau der zweitwichtigste Wirtschaftsbereich Niedersachsens. Ein Fünftel der landwirtschaftlichen Flächen hat sehr gute Lössböden.

Die Anzahl der landwirtschaftlichen Betriebe sinkt von Jahr zu Jahr. Die verbleibenden Bauernhöfe vergrößern ihre Betriebsflächen. Etwa 75 von 100 Landwirtschaftsbetrieben haben sich spezialisiert. Entweder halten sie eine Nutztierart oder bauen nur bestimmte Nutzpflanzen an. Auf weiteren Flächen wird Obst und Gemüse angebaut.

Zunehmend werden auch Pflanzen als nachwachsende Rohstoffe für die Erzeugung von Wärme, Strom und Treibstoff angebaut. Zu diesen Pflanzen zählen Getreide, Mais und Raps. Ein Drittel des deutschen Biostroms kommt aus Niedersachsen.

Der ökologische Landbau nimmt in Niedersachsen stark zu. Die Bio-Landwirte verzichten weitgehend auf Pflanzenschutzmittel und Düngemittel.

Der Obst- und Gemüseanbau ist im Norden von Niedersachsen weit verbreitet. Ein häufig angebautes Obst ist der Apfel. Beim Gemüse sind Spargel und Kartoffeln beliebt.

Der Getreideanbau ist in Niedersachsen insbesondere in der Börde sehr ertragreich. Neben Weizen, Gerste, Roggen und Hafer wird Mais als Energiepflanze angebaut.

Biogasanlagen sind mittlerweile für die niedersächsische Landwirtschaft eine wichtige Einnahmequelle. Durch die Gärung von Stallmist, Getreide (hauptsächlich Mais) und Gülle entsteht Biogas. Durch die Verbrennung dieses Gases wird ein Generator angetrieben, der Strom erzeugt.

1 Notiere, was in deiner Wohnumgebung angebaut wird und ob Tiere gehalten werden.

2 Finde auf der Karte eine Region, in der viele Rinder gehalten werden.
Suche außerdem Regionen, in denen viel Geflügel und viele Schweine gehalten werden. Notiere in einer Tabelle.

3 Notiere eine Region, in der Spargel angebaut wird.

Etwa die Hälfte aller landwirtschaftlichen Betriebe halten Rinder. In der Schweinehaltung ist Niedersachsen führend in Deutschland.

In der Geflügelzucht werden in Niedersachsen hauptsächlich Puten und Hühner gehalten. Die Hälfte des Geflügelfleisches in Deutschland kommt aus Niedersachsen.

Erholung und Freizeit in Niedersachsen

Naturpark: Naturnahe, von Menschen geschaffene Landschaft. Sie wird für den Tourismus gepflegt und dient hauptsächlich der Erholung. Naturparks werden vor großen Veränderungen geschützt.

Nationalpark: Dient dem Schutz von Tieren und Pflanzen. Er wird nur wenig vom Menschen beeinflusst. Nicht alle Bereiche dürfen betreten werden. Die wirtschaftliche Nutzung ist eingeschränkt.

Biosphärenreservat: Dient der Entwicklung neuer Ideen zum Schutz und Pflege von Lebensräumen. Das Biosphärenreservat wird streng überwacht.

Erholung, Freizeit

- Heilbad
- Erholungsort
- Seebad

Jork Sehenswerter Ort

- Burg, Schloss
- Kirche, Kloster
- Sonstige Sehenswürdigkeit

- Naturpark
- Nationalpark
- Biosphärenreservat

- Tierpark, Zoo
- Freizeitpark

HARZ Name des Naturparks, des Nationalparks oder Reservats

Städte Einwohner
- über 500 000
- 100 000 – 500 000
- unter 100 000
- Siedlungsfläche

Grenzen
- Staatsgrenze
- Landesgrenze

Verkehr
- Eisenbahn
- Autobahn (mit Nummer)

0   30 km

F_45972_080_01_1

1 Finde die Naturparks auf der Karte. Notiere ihre Namen.

2 Finde nun die Nationalparks und notiere die Namen dieser Parks.

3 Zeige auf der Karte die niedersächsischen Biosphärenreservate.

4 Beschreibe mit eigenen Worten den Unterschied zwischen einem Naturpark und einem Nationalpark.

In Niedersachsen leben fast acht Millionen Menschen, die sich in ihrer Freizeit erholen oder sportlich betätigen möchten. Hinzu kommen jährlich viele Urlauber, die sich entspannen oder etwas erleben wollen. Für sie alle gibt es vielfältige Freizeit- und Erholungseinrichtungen.

Wer sich für frühere Zeiten und Geschichte interessiert, kann Museen, Burgen, Schlösser, Kirchen oder sehenswerte Orte mit alten Gebäuden besichtigen.

Viele Familien besuchen einen Zoo, einen Tierpark oder einen Freizeitpark. Menschen, fahren oft in die Naturparks, weil sie dort wandern sowie Pflanzen und Tiere beobachten können. Viele Urlauber besuchen gerne die Seebäder am Meer, um sich dort zu erholen und den Strand und das Wasser zu genießen.

Die Karte auf Seite 80 zeigt, welche Freizeit- und Erholungsmöglichkeiten es in Niedersachsen gibt.

Der erste **Hildesheimer Dom** wurde bereits im Jahr 872 unter Bischof Altfrid errichtet.

Das **Museumsdorf Cloppenburg** ist eines der ältesten Freilichtmuseen in Deutschland.

Der **Erlebnis-Zoo Hannover** wurde schon im Jahr 1865 gegründet. Dort leben über 2000 Tiere.

Der **Heidepark Soltau** ist mit 850 000 m² der zweitgrößte Freizeitpark in Deutschland.

Seebäder, zum Beispiel das Seebad Wangerooge, sind beliebte Erholungsziele.

Das **Steinhuder Meer** ist mit einer Fläche von 29 km² der größte See Nordwestdeutschlands.

5 Suche auf der Karte die abgebildeten Freizeiteinrichtungen.

6 Sieh auf der Karte nach, welche Freizeiteinrichtungen es in der Nähe deines Wohnortes gibt.

7 Nenne verschiedene sehenswerte Orte. Informiere dich über diese Orte und erkunde, was dort sehenswert ist.

8 Berichte über Sehenswürdigkeiten, die du schon mit deiner Familie besucht hast.

Die Bundesländer

Schleswig-Holstein
Kiel
E 2 915 000
F 15 803

Mecklenburg-Vorpommern
Schwerin
E 1 611 000
F 23 294

zu Hamburg
E 1 850 000
F 755
Hamburg

E 675 000
F 419
Bremen

Niedersachsen
E 8 015 000
F 47 710
Hannover

Berlin
E 3 664 000
F 892
Potsdam

Brandenburg
E 2 532 000
F 29 654

Sachsen-Anhalt
Magdeburg
E 2 173 000
F 20 451

Nordrhein-Westfalen
E 17 906 000
F 34 112
Düsseldorf

Sachsen
Dresden
E 4 081 000
F 18 449

Thüringen
E 2 113 000
F 16 202
Erfurt

Hessen
E 6 281 000
F 21 116

Wiesbaden

Rheinland-Pfalz
Mainz
E 4 101 000
F 19 858

Saarland
Saarbrücken
E 983 000
F 2 571

Baden-Württemberg
Stuttgart
E 11 110 000
F 35 748

Bayern
E 13 155 000
F 70 542
München

NORDSEE
OSTSEE
DÄNEMARK
NIEDERLANDE
BELGIEN
LUXEMBURG
FRANKREICH
SCHWEIZ
ÖSTERREICH
TSCHECHIEN
POLEN

Rhein · Ems · Lippe · Ruhr · Sieg · Mosel · Lahn · Fulda · Werra · Weser · Aller · Leine · Mittellandkanal · Elbe · Havel · Oder · Spree · Mulde · Saale · Eger · Elbe · Moldau · Main · Donau · Neckar · Iller · Lech · Isar · Inn · Maas · Bodensee

0 50 100 km

F45972_082_01_2

■ Hauptstadt
● Landeshauptstadt
— Staatsgrenze
— Landesgrenze
E Einwohner (Stand 30.6.2021)
F Fläche in km²

82

- M 2 Informationen sammeln und verarbeiten, Seite 6
- M 3 Mit einem Lexikon arbeiten, Seite 6
- M 7 Mit Lernkarten arbeiten, Seite 8
- ■ Karten lesen und verstehen, Seite 52/53
- ■ Interaktiv im Internet arbeiten, Seite 140/141

Deutschland

Die Bundesrepublik Deutschland besteht aus 16 Bundesländern. Jedes Bundesland hat eine eigene Landesregierung, eine Landeshauptstadt und ein Landeswappen.

Berlin, Hamburg und Bremen werden auch Stadtstaaten genannt. Bei den Stadtstaaten entspricht die Fläche des Bundeslandes dem Stadtgebiet. Berlin ist zusätzlich die Hauptstadt der Bundesrepublik Deutschland.

Baden-Württemberg

Bayern

1 Erstelle eine Tabelle. Notiere die Bundesländer in alphabetischer Reihenfolge. Ergänze die Landeshauptstädte.

Bundesland	Landeshauptstadt	Einwohnerzahl	Fläche
Baden-Württemberg	?	?	?
?	?	?	?

Berlin

Brandenburg

2 Ermittle mithilfe der Karte auf Seite 82 das Bundesland mit der höchsten Einwohnerzahl. Umrahme das Kästchen in deiner Tabelle mit der höchsten Einwohnerzahl mit Rot.

Bremen

Hamburg

3 Betrachte die Karte auf Seite 82. Vermute, welches Bundesland die größte Fläche hat. Überprüfe deine Vermutung mithilfe der Angaben in der Karte.
Ergänze deine Tabelle und trage für alle Bundesländer die Größe der Fläche ein. Umrahme das Kästchen mit der größten Fläche in deiner Tabelle mit Grün.

Hessen

Mecklenburg-Vorpommern

4 Welche Bundesländer liegen am Meer? Umrahme die Kästchen mit den Namen der Bundesländer in deiner Tabelle mit Blau.

Niedersachsen

Nordrhein-Westfalen

5 Wie viele und welche Staaten grenzen an Deutschland? Schreibe die Anzahl und die Namen der Staaten mit der Überschrift „Nachbarstaaten der Bundesrepublik Deutschland" in dein Heft.

Rheinland-Pfalz / **Saarland**

6 Erstellt euch Lernkarten über Deutschland und seine 16 Bundesländer. Zum Beispiel:

„Welche Bundesländer grenzen an Polen?" oder
„Wie heißt das nördlichste Bundesland?" oder
„An welches Bundesland grenzen sechs andere Bundesländer?".

Sachsen

Sachsen-Anhalt

7 Stellt euch gegenseitig Fragen und testet euer Wissen.

Schleswig-Holstein / **Thüringen**

▶ Arbeitsheft: Seite 32

Länder in Europa

Europäische Union

Legende:
- ● Hauptstadt
- — Staatsgrenze
- ⭐ Mitgliedstaat der Europäischen Union
- ⭐ Mitgliedstaat der Europäischen Union bis 2017/2020

0 250 500 km

Europa besteht aus 47 Staaten (Ländern) und hat etwa 746 Millionen Einwohner (Stand: 2018). Zurzeit haben sich 28 Länder zur Europäischen Union (EU) zusammengeschlossen. Innerhalb der Europäischen Union können die Menschen der Mitgliedstaaten ohne Einschränkungen reisen oder ihren Wohnsitz frei auswählen.

Deutschland ist ein Staat in Europa und Mitglied der Europäischen Union. Jeder Staat hat eine Flagge und ein Länderkennzeichen. Die Flaggen sieht man oft bei Sportveranstaltungen. Autos tragen ein Länderkennzeichen auf ihrem Nummernschild. Anhand des Länderkennzeichens kannst du feststellen, aus welchem Land das Auto kommt.

- ● M 2 Informationen sammeln und verarbeiten, Seite 6
- ● M 3 Mit einem Lexikon arbeiten, Seite 6
- ▪ Die Bundesländer, Seite 82/83
- ▪ Die Erde und ihre Kontinente, Seite 86/87
- ▪ Interaktiv im Internet arbeiten, Seite 140/141

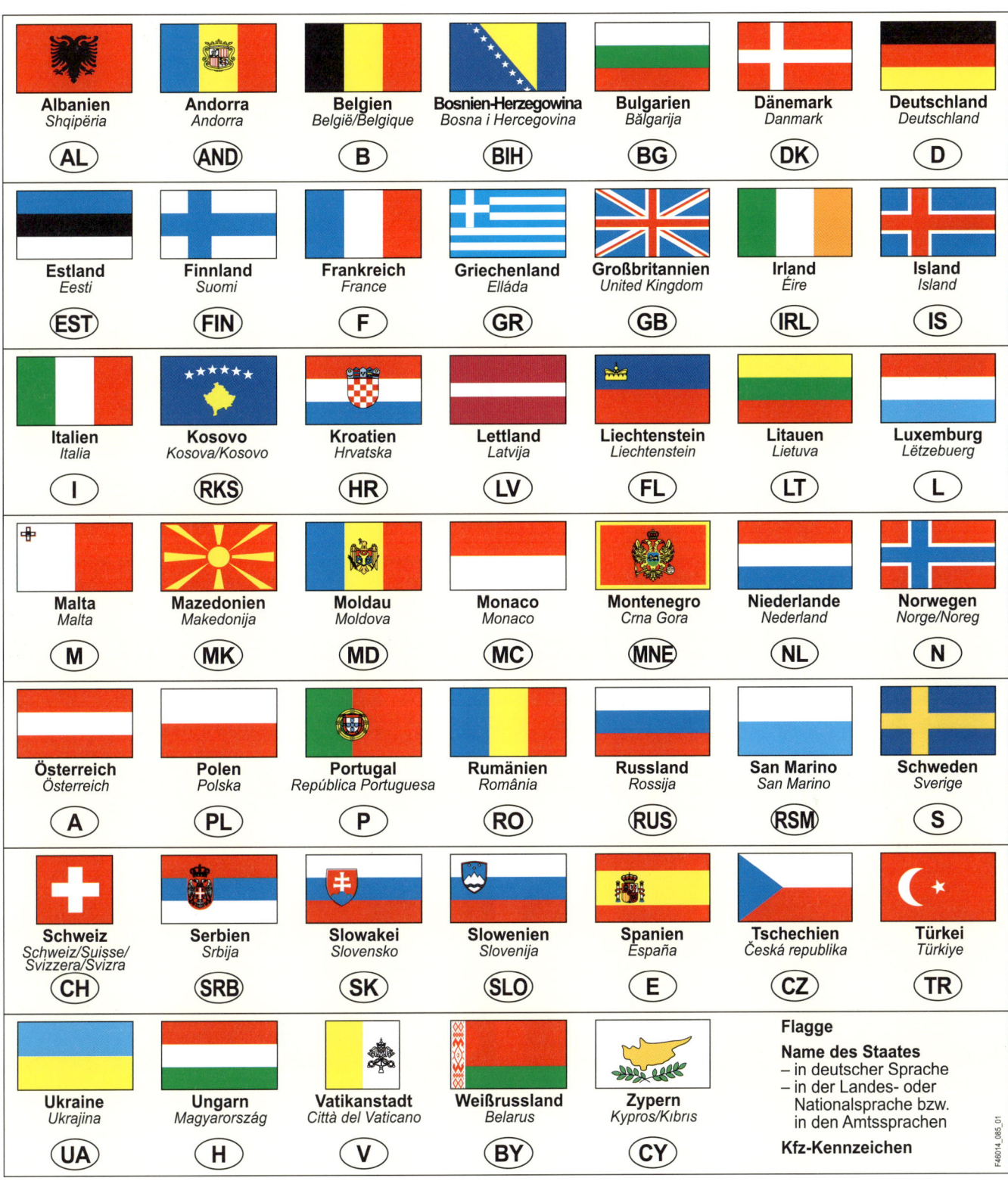

Albanien *Shqipëria* (AL)	**Andorra** *Andorra* (AND)	**Belgien** *België/Belgique* (B)	**Bosnien-Herzegowina** *Bosna i Hercegovina* (BIH)	**Bulgarien** *Bălgarija* (BG)	**Dänemark** *Danmark* (DK)	**Deutschland** *Deutschland* (D)
Estland *Eesti* (EST)	**Finnland** *Suomi* (FIN)	**Frankreich** *France* (F)	**Griechenland** *Elláda* (GR)	**Großbritannien** *United Kingdom* (GB)	**Irland** *Éire* (IRL)	**Island** *Island* (IS)
Italien *Italia* (I)	**Kosovo** *Kosova/Kosovo* (RKS)	**Kroatien** *Hrvatska* (HR)	**Lettland** *Latvija* (LV)	**Liechtenstein** *Liechtenstein* (FL)	**Litauen** *Lietuva* (LT)	**Luxemburg** *Lëtzebuerg* (L)
Malta *Malta* (M)	**Mazedonien** *Makedonija* (MK)	**Moldau** *Moldova* (MD)	**Monaco** *Monaco* (MC)	**Montenegro** *Crna Gora* (MNE)	**Niederlande** *Nederland* (NL)	**Norwegen** *Norge/Noreg* (N)
Österreich *Österreich* (A)	**Polen** *Polska* (PL)	**Portugal** *República Portuguesa* (P)	**Rumänien** *România* (RO)	**Russland** *Rossija* (RUS)	**San Marino** *San Marino* (RSM)	**Schweden** *Sverige* (S)
Schweiz *Schweiz/Suisse/ Svizzera/Svizra* (CH)	**Serbien** *Srbija* (SRB)	**Slowakei** *Slovensko* (SK)	**Slowenien** *Slovenija* (SLO)	**Spanien** *España* (E)	**Tschechien** *Česká republika* (CZ)	**Türkei** *Türkiye* (TR)
Ukraine *Ukrajina* (UA)	**Ungarn** *Magyarország* (H)	**Vatikanstadt** *Città del Vaticano* (V)	**Weißrussland** *Belarus* (BY)	**Zypern** *Kypros/Kıbrıs* (CY)		

Flagge

Name des Staates
– in deutscher Sprache
– in der Landes- oder
  Nationalsprache bzw.
  in den Amtssprachen

Kfz-Kennzeichen

F46014_085_01

1 Führt ein Länderquiz durch: Stellt euch gegenseitig Fragen. Zum Beispiel: „Wie heißt die Hauptstadt Polens?" oder „Welches Land grenzt im Westen an Schweden?" oder „Aus welchem Land kommt das Auto mit dem Kennzeichen LV?"

2 Erstellt gemeinsam ein Europa-Buch. Jede Seite eures Buches soll ein Land aus Europa beschreiben. Legt fest, welche Länder in das Buch kommen sollen. Überlegt gemeinsam, welche Inhalte eure Seiten haben sollen, zum Beispiel: Einwohnerzahl, Hauptstadt, …

▶ Arbeitsheft: Seite 33   ○ Lernsoftware: Nr. 80, 81

Die Erde und ihre Kontinente

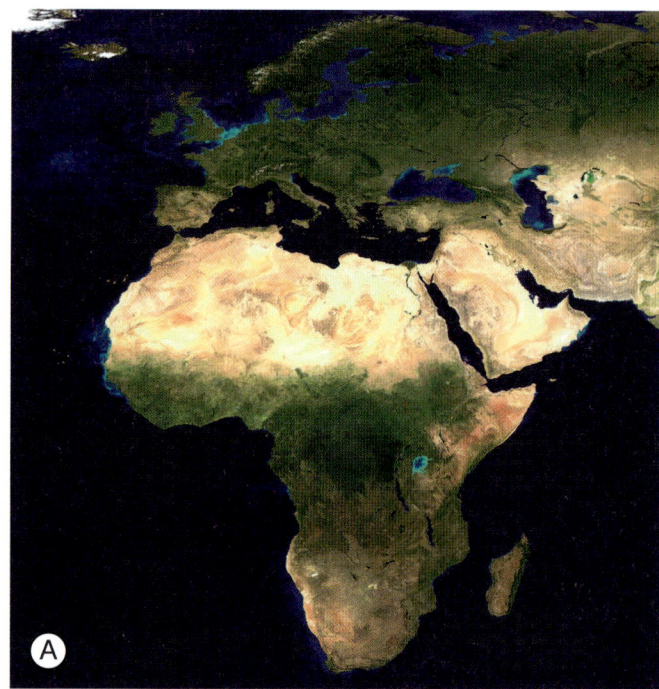

Ⓐ

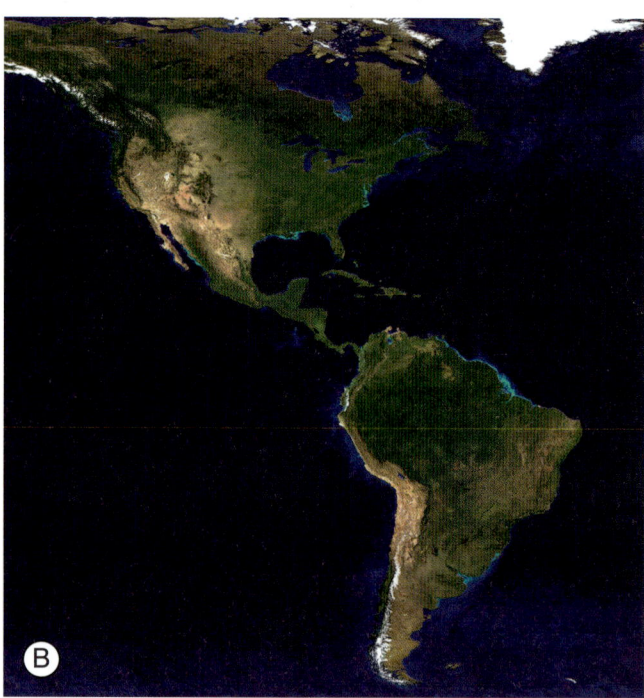

Ⓑ

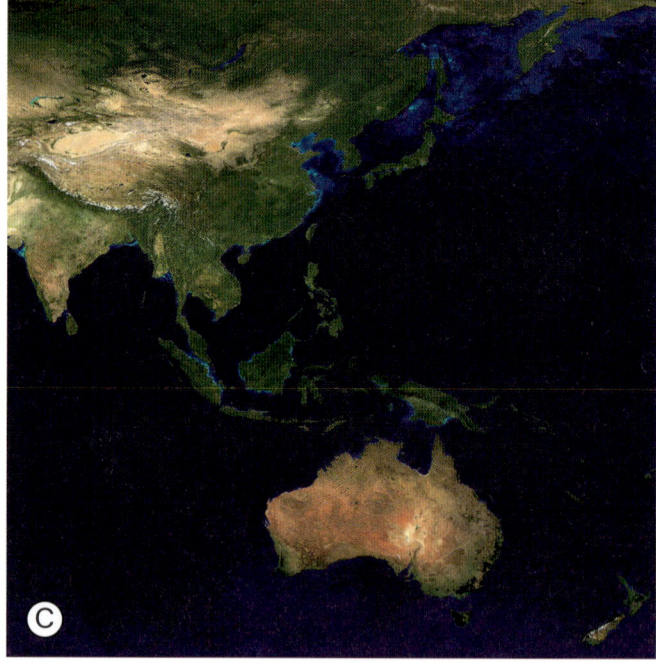

Ⓒ

Die vier Fotos von der Erde wurden von Satelliten aus dem Weltraum aufgenommen. Das Festland wird in Kontinente oder Erdteile eingeteilt. Die Erde hat insgesamt sieben Kontinente. Auffällig ist, dass der Großteil der Erde mit Wasser bedeckt ist. Die großen Wasserflächen bilden drei große Ozeane. Der Pazifische Ozean ist der größte Ozean. In seiner Fläche würden die Flächen aller Kontinente Platz finden.

Wir leben in Deutschland auf dem Kontinent Europa.

1 Wie heißen die sieben Kontinente der Erde? Notiere ihre Namen.

2 Vergleiche die Kontinente miteinander. Wie heißt der größte und wie der kleinste Kontinent?

3 Wie heißen und wo liegen die drei großen Ozeane?

● M 3 Mit einem Lexikon arbeiten, Seite 6

▪ Weltkarte, Seite 88/89
▪ Entdecker – Kolumbus, Seite 119

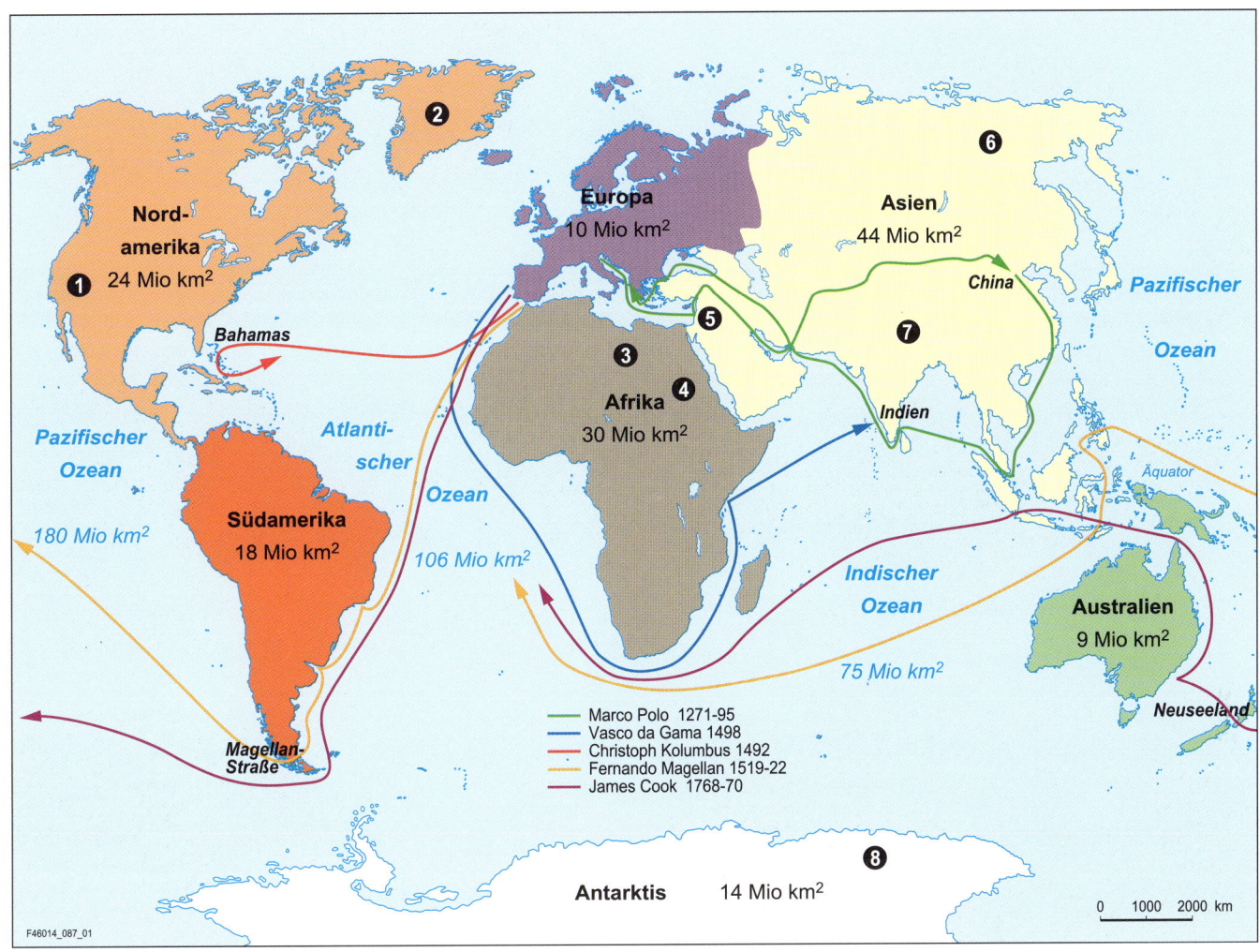

Nord-
amerika
24 Mio km²

❷

Europa
10 Mio km²

Asien
44 Mio km²

❻

Pazifischer

Ozean

❶

Bahamas

❺

China

Pazifischer
Ozean

Atlanti-
scher

❸

Afrika
30 Mio km²

❹

Indien

180 Mio km²

Südamerika
18 Mio km²

Ozean

106 Mio km²

Äquator

Indischer
Ozean

75 Mio km²

Australien
9 Mio km²

Magellan-
Straße

Neuseeland

Marco Polo 1271-95
Vasco da Gama 1498
Christoph Kolumbus 1492
Fernando Magellan 1519-22
James Cook 1768-70

❽

Antarktis   14 Mio km²

0   1000   2000 km

F46014_087_01

Übrigens

Die Rekorde der Erde

Weißt du, wie der höchste Berg heißt, die größte Schlucht oder der längste Fluss? Diese und noch andere Rekorde der Erde sind hier zusammengestellt. Die Zahlen in der Karte zeigen dir, auf welchem Kontinent sie sich befinden.

❶ Die größte Schlucht ist der Grand Canyon.

❷ Die größte Insel ist Grönland. Grönland ist etwa sechsmal so groß wie Deutschland.

❸ Der bisher heißeste Ort ist Aziza in Libyen. Hier wurden schon 58 Grad Celsius Lufttemperatur gemessen.

❹ Der längste Fluss ist der Nil (6671 km).

❺ Im tiefsten Tal liegt das Tote Meer. Es befindet sich 392 m unter dem Meeresspiegel.

❻ Der kälteste bewohnte Ort heißt Oimjakon und liegt in Sibirien. 77,8 Grad Celsius unter null wurden hier bereits gemessen.

❼ Im Himalaja liegt der höchste Berg, der Mount Everest (8848 m).

❽ Der kälteste Ort auf der Erde ist die Forschungsstation Wostok. Hier wurden schon einmal minus 88,3 Grad Celsius Lufttemperatur gemessen.

4 Suche die genannten Orte auf der Karte. Benenne die Kontinente, auf denen sie sich befinden.

▶ Arbeitsheft: Seite 34/35

Weltkarte

GRÖNLAND
(zu DÄNEMARK)

ALASKA
(zu USA)

ISLAND
Reykjavík

NORWE

KANADA

IRLAND
Dublin

GROSS-
BRITANNIEN
London
Pari

FRANK-
REICH

Ottawa

VEREINIGTE STAATEN VON AMERIKA
(USA)

Washington

PORTUGAL
Lissabon

Madrid

SPANIEN

Algier

Rabat

MAROKKO

MEXIKO

Havanna

Nassau
BAHAMAS

Atlanti-

El Aaiún

SAHARA

ALGERIEN

Mexiko-Stadt

KUBA

DOMINIK.
REP.

MAURETANIEN
Nouakchott

MALI

Belmopan
BELIZE
GUATEMALA
Guatemala-Stadt
San Salvador
EL SALVADOR
Managua

JAMAIKA
Kingston

HAITI
Port-
au-Prince

Santo Domingo

SENEGAL
Dakar

Niamey

Bamako

HONDURAS
Tegucigalpa

NICARAGUA

Caracas

17

11

7

GUINEA

42

Abuj

San José
COSTA RICA

PANAMA

GUYANA
Georgetown

scher

18

Conakry

GHANA

14

Monrovia

Accra

Panama-
Stadt

Bogotá

VENEZUELA

Paramaribo
SURI-
NAME

LIBERIA

Pazifischer

KOLUMBIEN

Quito

Libre

ECUADOR

GA

Ozean

PERU
Lima

BRASILIEN

Ozean

BOLIVIEN
Sucre

Brasília

PARAGUAY
Asunción

URUGUAY
Montevideo
Buenos Aires

Santiago

CHILE

ARGENTINIEN

kleine Staaten und ihre Hauptstadt

1 Albanien / Tirana
2 Äquatorialguinea / Malabo
3 Armenien / Jerewan
4 Aserbaidschan / Baku
5 Bahrain / Manama
6 Belgien / Brüssel
7 Benin / Porto Novo
8 Bhutan / Thimphu
9 Bosnien und Herzegowina / Sarajevo
10 Bulgarien / Sofia
11 Burkina Faso / Ouagadougou
12 Burundi / Bujumbura
13 Dänemark / Kopenhagen
14 Elfenbeinküste / Yamoussoukro
15 Eritrea / Asmara
16 Estland / Tallinn
17 Gambia / Banjul
18 Guinea-Bissau / Bissau
19 Israel / Jerusalem
20 Jordanien / Amman
21 Katar / Doha
22 Kosovo / Prishtina
23 Kroatien / Zagreb
24 Kuwait / Kuwait-Stadt
25 Lesotho / Maseru
26 Lettland / Riga
27 Libanon / Beirut
28 Litauen / Vilnius
29 Luxemburg / Luxemburg
30 Moldawien / Chișinău
31 Montenegro / Podgorica
32 Niederlande / Amsterdam
33 Nordmazedonien / Skopje
34 Österreich / Wien
35 Ruanda / Kigali
36 Schweiz / Bern
37 Serbien / Belgrad
38 Sierra Leone / Freetown
39 Slowakei / Bratislava
40 Slowenien / Ljubljana
41 Swasiland / Mbabane
42 Togo / Lomé
43 Tschechien / Prag
44 Ungarn / Budapest
45 Zypern / Nikosia

1 Notiere die Namen der sechs größten Staaten (Länder) der Erde.
Ordne sie den Kontinenten zu.

Pazifischer Ozean

Indischer Ozean

Äquator

FINNLAND
Helsinki
EDEN
holm
16
26
28
Minsk
Moskau
POLEN
WEISSRUSSLAND
Warschau
3
39
Kiew
UKRAINE
44
30
RUMÄNIEN
37
9
Bukarest
GEORGIEN
m
31
33
10
Tiflis
EN
1
Athen
3
4
GRIECHEN-
LAND
Ankara
TÜRKEI
polis
45
SYRIEN
IRAK
27
Damaskus
LIBYEN
19
20
Kairo
Bagdad
ÄGYPTEN
24
Riad
SAUDI-
ARABIEN
VAE
OMAN
Khartum
15
SUDAN
Sana
JEMEN
TSCHAD
N'Djamena
Addis
Abeba
DSCHIBUTI
ZENTRAL-
AFRIKA
SÜD-
SUDAN
Juba
ÄTHIOPIEN
RUN
Bangui
SOMALIA
nde
UGANDA
Mogadischu
Kampala
KENIA
ONGO
35
Nairobi
azzaville
12
Kinshasa
Dodoma
nda
TANSANIA
MALAWI
Lilongwe
ANGOLA
SAMBIA
Lusaka
Harare
MOSAMBIK
Antananarivo
SIMBABWE
MADAGASKAR
NAMIBIA
BOTSWANA
dhuk
Gaborone
Pretoria
Maputo
41
25
SÜDAFRIKA

RUSSLAND

KASACHSTAN
Astana
USBEKISTAN
Taschkent
Bischkek
KIRGISISTAN
TURKMENISTAN
Duschanbe
Asgabad
TADSCHIKISTAN
Teheran
Kabul
IRAN
AFGHANISTAN
Islamabad
PAKISTAN
NEPAL
Neu-Delhi
Kathmandu
8
Dhaka
BANGLA-
DESCH
INDIEN
MYANMAR
Naypyidaw
SRI LANKA
Colombo

ULAN-Bator
MONGOLEI
Peking
Pjöngjang
NORD-
KOREA
SÜD-
CHINA
Taipeh
TAIWAN
Hanoi
LAOS
Vientiane
THAILAND
VIETNAM
Bangkok
Phnom Penh
KAMBODSCHA
Kuala Lumpur
MALAYSIA
SINGAPUR
INDONESIEN
Jakarta
Dili
OSTTIMOR

JAPAN
Seoul
Tokio
Manila
PHILIPPINEN
BRUNEI
PAPUA-
NEUGUINEA
Port
Moresby

AUSTRALIEN

Canberra

NEUSEELAND
Wellington

N
W
O
S

● Hauptstadt
— Staatsgrenze

0   1000   2000 km
Maßstab 1 : 70 Mio.

2 Der Äquator unterteilt die Erde in die Nord- und Südhalbkugel. Notiere die Namen der Staaten, die auf dem Äquator liegen. Ordne die Staaten den Kontinenten zu.

89

Wie wir uns infomieren (1)

Die Klasse 4a nimmt am Leseprojekt der Tageszeitung teil. Interessant finden sie einen Artikel über einen geplanten Flug zum Mars. Ben zweifelt, ob das je möglich sein wird. Mia fragt: „Wie weit ist denn der Mars von der Erde entfernt?" Nachdem noch weitere Fragen gestellt werden, plant die Lehrerin zusammen mit den Kindern das Thema „Sonnensystem und Raumfahrt" im Unterricht zu behandeln.

Die Kinder sollen sich möglichst selbstständig mithilfe verschiedener Medien informieren. Gemeinsam erstellen sie eine Mindmap über die Medien, die sie nutzen wollen.

MindMap

Nachrichten — Dokumentarfilme — **Radio** — **Fernsehen** — Museum — Ausstellung — **Vor Ort** — Befragung von Fachleuten — Dokumentarfilme auf DVD, Blu-ray — **Filme** — Dokumentarfilme im Kino — **Wie wir uns informieren** — **Zeitung** — Tageszeitung — Magazin Wochenzeitung — Apps — **Internet** — E-mail — Filme, Texte, Nachrichten, Bilder — Lexikon — **Bücher** — Sachbücher — Lexikon

Bücher 📖 Einige Kinder der Klasse besuchen die Bücherei. Die Bibliothekarin hilft ihnen, eine Bücherkiste zum Thema zusammenzustellen.

Unser Sonnensystem

Die Sonne bildet das Zentrum unseres Sonnensystems. Sie ist ein riesiger Stern, der uns Licht und Wärme spendet. Um die Sonne bewegen sich in ovalen Umlaufbahnen acht Planeten mit ihren Monden. Unser Sonnensystem ist ein Teil des Sternsystems, das auch Galaxie genannt wird. Trotz vieler Untersuchungen kennen wir vom gesamten Aufbau des Weltalls nur einen Teil.

1 Stellt eine Mindmap mit den Medien zusammen, die ihr nutzen wollt und könnt. Ergänzt die Mindmap mit Angaben zu euren Quellen und Besuchsorten.

2 Stellt Sachbücher und Lexika auf einem Büchertisch aus. Sammelt daraus über das Sonnensystem und die Planeten erste Informationen. Notiert diese.

● M 2 Informationen sammeln und verarbeiten, Seite 6
● M 3 Mit einem Lexikon arbeiten, Seite 6
● M 8 Ein Referat vorbereiten, Seite 9
● M 13 Ergebnisse darstellen, Seite 12
● M 14 Ergebnisse präsentieren, Seite 12

Zwei Jahre im Weltraum

NASA plant den Flug zum Mars

HOUSTEN, TEXAS USA (puz, 26.11.2016) – Die amerikanische Weltraumbehörde NASA plant ab 2035 erste bemannte Raumflüge zum Mars. Das hängt allerdings noch davon ab, ob die notwendigen Gelder zur Verfügung stehen und die technische Entwicklung entsprechend fortgeschritten ist. Trotz aller Zuversicht bezeichnen Fachleute den Plan als „Himmelfahrtskommando".

Schon mehrfach sind unbemannte Raumsonden auf dem Mars gelandet, um die Oberfläche des Roten Planeten zu untersuchen und zu klären, ob es Leben auf dem Mars gab oder gibt. Seit 2012 erforscht der Mars-Rover „Curiosity" die Marsoberfläche. Der bemannte Flug zum Mars ist eine riesige Herausforderung. Der Abstand zwischen Erde und Mars schwankt zwischen 55,4 und 399,4 Millionen Kilometer. Bei günstiger Planetenstellung dauert der Hinflug ca. ein halbes Jahr. Der Rückflug kann frühestens nach 16 Monaten erfolgen. Bis dahin wären die Astronauten völlig auf sich allein gestellt. Seit 2009 wird in Experimenten getestet, ob Menschen den extremen Anforderungen des Marsfluges standhalten. 2016 endete nach 365 Tagen auf Hawaii ein Marsprojekt. Auf engstem Raum haben sechs Wissenschaftler unter Bedingungen wie auf dem Mars gelebt. Das gesamte Jahr trugen sie Raumanzüge. Es gibt aber bei der Erforschung des Mars auch Rückschläge. So zerschellte die Raumsonde „Schiaparelli" am 19.10.2016 beim Landeanflug.

Bis zum möglichen Flug zum Mars sind daher noch viele Probleme zu lösen.

Selfie vom Mars-Rover Curiosity

Lokalnachrichten RF 2 – 26.11.2016, 8 Uhr

Die NASA feiert ein kleines Jubiläum. Seit nun schon fünf Jahren läuft die Mars-Mission „Mars Science Laboratory". Der erfolgreich abgesetzte Mars-Rover Curiosity hat bisher 180 000 Bilder von der Oberfläche des Mars gesendet. Diese Bilder werden von Wissenschaftlern ausgewertet. Die Fachleute wollen herausfinden, ob es flüssiges Wasser auf dem Roten Planeten gibt. Die Mars-Mission wird verlängert.

TV 18, Frühstücksfernsehen am 26.11.2016

Vor fünf Jahren startete von Cap Canaveral die Rakete „Atlas V Centaur" mit dem Roboter „Curiosity" an Bord. Nach 253 Tagen Flugzeit wurde der Roboter erfolgreich auf dem Mars abgesetzt. „Curiosity" bedeutet übersetzt „Neugier". Der 900 kg schwere Roboter rollt von der Erde aus gesteuert täglich auf dem Mars und sendet Bilder zur Erde. Gleichzeitig untersucht er das Gestein des Mars und sucht nach Spuren von früherem Leben. Die Wissenschaftler erhoffen sich noch viele neue Erkenntnisse.

3 Sammelt Berichte zum Thema „Sonne, Planeten, Raumfahrt". Hängt diese im Klassenraum aus. Notiert euch Fragen. Findet gemeinsam Antworten auf diese.

4 Vergleicht den Zeitungsartikel mit den Wortbeiträgen der Rundfunk- und Fernsehnachrichten. Informiert euch über den aktuellen Stand der Marsprojekte.

■ Wie wir uns informieren (2), Seite 92/93
■ Eine Präsentation am Computer gestalten, Seite 142
▶ Arbeitsheft: Seite 36, 37, 38

Wie wir uns infomieren (2)

Besuch eines Planetariums mit Sternwarte

In einer Sternwarte kann man durch ein starkes Fernrohr bei klarem Wetter den Sternenhimmel beobachten.

Ein Planetarium ist ein Gebäude mit einer Kuppel. Auf deren Fläche wird mit einem speziellen Projektor ein Sternenhimmel abgebildet, wie er an einem bestimmten Ort und Tag zu sehen ist. In den Planetarien erklären Fachleute den Zuschauern den Aufbau des Sternenhimmels.

Je nach Jahreszeit sehen wir einen unterschiedlichen Sternenhimmel. Sterne bewegen sich aber nicht. Da sich die Erde jeden Tag einmal um sich selbst dreht und im Lauf eines Jahres um die Sonne kreist, haben wir nur den Eindruck, dass die Sterne ihre Positionen verändern.

Im Planetarium

Ein Bericht zu einem Film über die ISS

Im Jahr 1998 starteten 16 Länder das Projekt zum Aufbau der bisher größten Weltraumstation, der ISS. Die ISS hat inzwischen die Größe eines Fußballfeldes. Raumfähren und Trägerraketen brachten in vielen Einzelflügen das Material. Astronauten bauten das Forschungslabor Stück für Stück zusammen. Die ISS ist seit 2000 ständig bemannt. Sie umkreist in 350 bis 400 km Höhe alle 90 Minuten die Erde. Bis zu sechs Astronauten forschen gleichzeitig in der Station. Die Schwerelosigkeit im Weltall erschwert das Arbeiten. Raumfähren holen und bringen Raumfahrer. Gleichzeitig transportieren die Fähren Lebensmittel und nehmen den Abfall mit. Die Raumfahrer müssen oft gefährliche Außenarbeiten erledigen. Nach der anstrengenden Arbeit schlafen sie in angegurteten Schlafsäcken.

Raumstation ISS

Außenarbeiten im Weltall

1 Prüft, ob ihr zum Thema „Planeten und Raumfahrt" eine Einrichtung besuchen und einen Fachmann befragen könnt.

2 Informiere dich über das Leben auf der ISS. Gib in die Suchmaschine den Suchbegriff ein: „iss live erleben".

● M 2 Informationen sammeln und verarbeiten, Seite 6
● M 3 Mit einem Lexikon arbeiten, Seite 6
● M 8 Ein Referat vorbereiten, Seite 9
● M 13 Ergebnisse darstellen, Seite 12
● M 14 Ergebnisse präsentieren, Seite 12

Suchmaschinen helfen, im Internet geeignete Seiten zu besonderen Themen zu finden. Je genauer der Suchbegriff ausgewählt wird, umso besser ist das Suchergebnis. Im Beispiel wurde als Suchwort „Sonnensystem" eingegeben. Durch Anklicken der gezeigten Suchergebnisse werden die Internetseiten geöffnet. Zum Sonnensystem gehören die Sonne und acht Planeten. Deren Namen lassen sich über den Satz
***ME**IN **V**ATER **E**RKLÄRT **M**IR **J**EDEN **S**ONNTAG **U**NSEREN **N**ACHTHIMMEL*
merken (Anfangsbuchstaben der Planeten).

Die Sonne

Die Sonne ist der Licht- und Wärmespender für unser Sonnensystem. Ihr Durchmesser beträgt 1,4 Millionen Kilometer. Die Sonne besteht aus Wasserstoff und Helium. Im Kern der Sonne beträgt die Temperatur 15 Millionen Grad Celsius. Auch die Sonne ist in Bewegung. In 25 Tagen dreht sie sich einmal um sich selbst. Sie ist ein Teil der Galaxie, die wir Milchstraße nennen. Mit einer Geschwindigkeit von 220 km pro Sek. rast die Sonne um das Zentrum der Galaxie.

Die Erde

Aus dem Weltraum gesehen wirkt die Erde durch die Ozeane wie eine blaue Kugel. Durch das flüssige Wasser und die gemäßigte Wärme gibt es Leben auf der Erde. Die Erde ist 150 Millionen km von der Sonne entfernt. Mit 12 765 km Durchmesser ist die Erde doppelt so groß wie der Mars und 109-mal kleiner als die Sonne. In 365 Tagen dreht sich die Erde um die Sonne. Der Mond hat einen Durchmesser von 3476 km. Er ist von der Erde 384 000 km entfernt.

3 Schreibt Steckbriefe über die Sonne und die Planeten. Überlegt euch geeignete Suchbegriffe für die Suche im Internet.

4 Vergleicht die Vor- und Nachteile der verschiedenen Medien.

- Wie wir uns informieren (1), Seite 90/91
- Eine Präsentation am Computer gestalten, Seite 142
▶ Arbeitsheft: Seite 36, 37, 38

Raum: Das habe ich gelernt (1)

In diesem Sachbuch darf nicht geschrieben oder gezeichnet werden!
Notiere daher in deinem Heft die Überschrift dieser Seite, die Nummer und den
Buchstaben der Aufgabe und dahinter deine Antwort.

1 Wer hat Vorfahrt in diesem Kreisverkehr? Schreibe die richtige Antwort auf.

A – Der Radfahrer hat Vorfahrt. Er muss aber den Verkehr genau beobachten.

– Der Autofahrer hat Vorfahrt.

2 Du möchtest an dieser Kreuzung nach links abbiegen. Notiere in Stichworten die drei Möglichkeiten, wie du nach links abbiegen kannst.

B

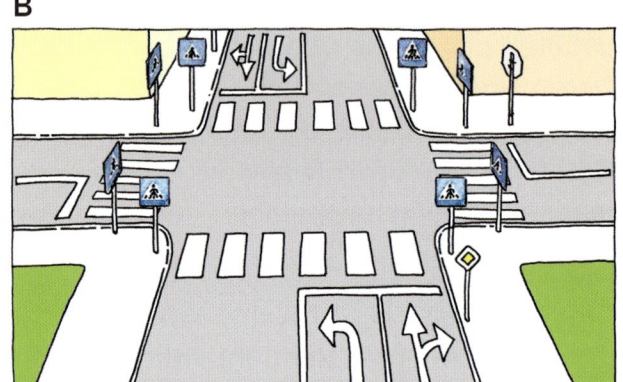

3 Schreibe die Bedeutung der abgebildeten Verkehrszeichen auf.

C  D   E

F  G  H

4 Welche Gefahr muss der Radfahrer hier beachten? Notiere die Antwort.

I

5 Prüfe die Richtigkeit der Sätze. Notiere die richtigen Sätze in deinem Heft.

J – Beim Lkw gibt es den toten Winkel nur auf der rechten Fahrzeugseite.

– Beim Linksabbiegen ist das Handzeichen besonders wichtig, damit man gesehen wird.

– Im Kreisverkehr haben Radfahrer immer Vorfahrt.

– Wenn man an einem Hindernis vorbeifährt, muss man besonders auf den Gegenverkehr achten.

– Wenn keine Verkehrszeichen, keine Ampeln oder kein Polizist die Vorfahrt regelt, gilt rechts vor links.

Raum: Das habe ich gelernt (2)

In diesem Sachbuch darf nicht geschrieben oder gezeichnet werden!
Notiere daher in deinem Heft die Überschrift dieser Seite, die Nummer und den
Buchstaben der Aufgabe und dahinter deine Antwort.

1 Notiere die Gruppen A–D. Streiche in jeder Gruppe den nicht passenden Begriff.

A – Aller	B – Göttingen	C – Ammerland	D – Rurtalsperre
– Ems	– Münster	– Ostfriesland	– Okertalsperre
– Rhein	– Salzgitter	– Sauerland	– Eckertalsperre
– Weser	– Wilhelmshaven	– Wendland	– Granetalsperre

2 Das Profilbild zeigt eine Phase der Eiszeit. Bilde aus den Silben die passenden
Begriffe zu den Nummern im Kreis. Notiere die Begriffe mit den Nummern im Heft.

E ab – bir – der – End – ge – ge – ge – Glet – Glet – Grund – la – Löss – Mit – mo – mo – ne – ne – rä – rä – rung – San – scher – scher – Schmelz – ser – strom – tal – tel – tor – Ur – was

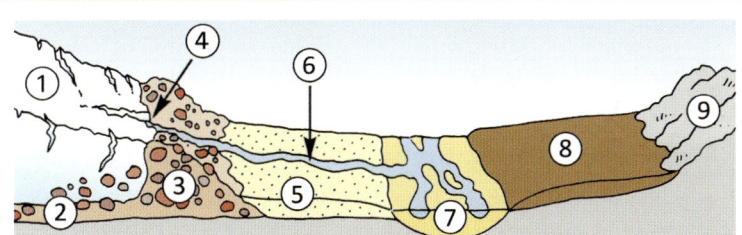

3 Notiere die vier Naturlandschaften, die durch die Eiszeit entstanden sind.

F Börde   Moor
Geest   Marsch
Inseln   Urstromtal
Mittelgebirge   Watt
Durch die Eiszeit sind … entstanden.

4 Ordne in einer Tabelle den Flüssen die Städte zu, durch sie fließen.

G Elbe   Bremen
Ems   Hamburg
Hunte   Hannover
Leine   Oldenburg
Weser   Papenburg

5 Notiere die Namen der Ostfriesischen Inseln in der Reihenfolge von Westen ① nach Osten ⑦.

H Baltrum – Borkum – Juist – Langeoog – Norderney – Spiekeroog – Wangerooge

6 Prüfe die Richtigkeit der Sätze. Notiere nur die richtigen Aussagen von Aufgabe I und J.

I – Das Ammerland ist ein Baumschulgebiet.
– Hannover entwickelte sich um 1250 aus einer kleinen Siedlung.
– Die Lüneburger Heide liegt auf einer Sanderfläche.
– Dünen schützen die gesamte Küste.
– Ebbe und Flut werden Gezeiten genannt.

J – Die Flut läuft immer gleich hoch auf.
– Niedersachsen ist flächenmäßig das zweitgrößte Bundesland Deutschlands.
– Die Lössböden der Börde sind die fruchtbarsten Böden der Welt.
– Der Harz ist ein regenarmes Gebiet.
– Während der Eiszeit entstand Löss.

Raum: Das habe ich gelernt (3)

In diesem Sachbuch darf nicht geschrieben oder gezeichnet werden!
Notiere daher in deinem Heft die Überschrift dieser Seite, die Nummer und den
Buchstaben der Aufgabe und dahinter deine Antwort.

1 Notiere die Gruppen A–D. Streiche in jeder Gruppe den nicht passenden Begriff.

A – Dresden	B – Thüringen	C – Oslo	D – Lappland
– Wiesbaden	– Saarland	– Litauen	– Island
– Braunschweig	– Rheinland-Pfalz	– Berlin	– Finnland
– Düsseldorf	– Ostfriesland	– London	– Griechenland

2 Prüfe die Richtigkeit der Sätze.
Notiere nur die richtigen Aussagen
von Aufgabe E und F.

E – Bayern ist größer als Niedersachsen.
 – Die Bundesrepublik Deutschland
 besteht aus 12 Bundesländern.
 – Niedersachsen grenzt an Belgien.
 – Berlin, Hamburg und Bremen sind
 Stadtstaaten.
 – Die Elbe fließt durch zwei Bundesländer.
 – Schleswig-Holstein liegt an zwei Meeren.
 – Bayern hat mehr Einwohner als Hessen.

F – Malta liegt im Mittelmeer.
 – Europa besteht aus 52 Ländern.
 – Die Flaggen von Deutschland und
 Belgien haben die gleichen Farben.
 – Der Nil ist der längste Fluss der Welt.
 – Der Grand Canyon liegt in Afrika.
 – Der Mars ist doppelt so groß wie die
 Erde.
 – Deutschland hat neun Nachbarländer.

3 Notiere zu den Nummern die fehlenden Namen der Landeshauptstädte oder Bundesländer in deinem Heft.

G

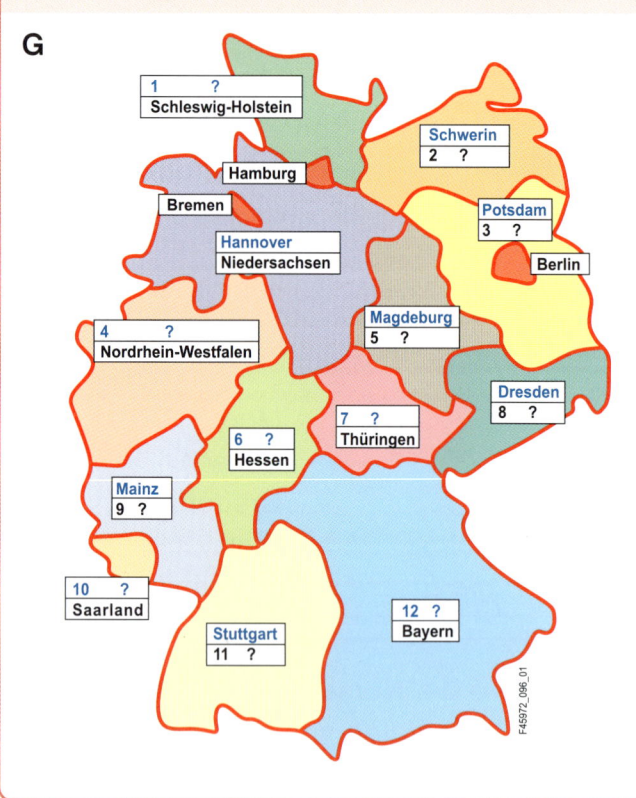

4 Ordne den Flaggen die Staaten zu.
Schreibe ihre Namen in dein Heft.

H

5 Notiere die Namen der Meere (Buchstaben) und der Kontinente (Zahlen).

I

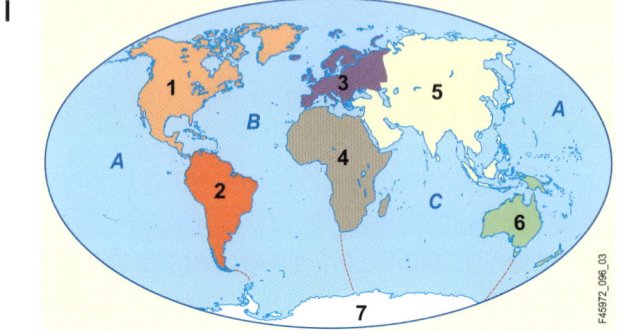

96

Technik

Viele Konstruktionen, wie Brücken oder Kräne, werden aus Stahl in Skelettbauweise gebaut. Finde heraus, warum diese Bauweise so oft gewählt wird.

Nur ein Teil des auf der Erde vorhandenen Wassers ist trinkbar. Finde heraus, wie unser Trinkwasser gewonnen und genutzt wird.

Windkraftanlagen zählen zu den erneuerbaren Energiequellen. Erkläre den Begriff und finde weitere Beispiele.

- M1 Bilder vergleichen
- M2 Informationen sammeln und verarbeiten
- M3 Mit einem Lexikon arbeiten

- M12 Diagramme auswerten
- M13 Ergebnisse darstellen
- M14 Ergebnisse präsentieren

Woher kommt unser Trinkwasser?

Talsperre

Quelle

Uferfiltratbrunnen

Grundwasserbrunnen

Trinkwasser ist das wichtigste Lebensmittel. Wir bekommen es aus dem Wasserwerk. Dort wird es jedoch nicht hergestellt. Wasser wird aus der Natur entnommen und im Wasserwerk gereinigt.

Trinkwasser kann aus dem Grundwasser, aus einem Fluss, aus einer Quelle oder aus einer Talsperre stammen. Grundwasser und Quellwasser sind besonders gut für die Gewinnung von Trinkwasser geeignet. Dieses Wasser ist beim Versickern in den Boden durch Kies- und Sandschichten gefiltert worden. Dabei werden viele

Schmutzteilchen, die im Wasser waren, im Kies und Sand festgehalten.

Wenn nicht genug Grundwasser oder Quellwasser vorhanden ist, muss man auf Fluss- und Talsperrenwasser zurückgreifen. Flusswasser entnimmt man nicht direkt aus dem Fluss, sondern erst, nachdem es durch den Uferkies und Ufersand gesickert ist. So wird auch hier die Filterwirkung des Bodens ausgenutzt.

In Gebirgen gibt es Trinkwassertalsperren, deren Wasser in Rohren bis in die Wasserwerke der Städte geleitet wird.

● M 2 Informationen sammeln und verarbeiten, Seite 6

■ Wozu brauchen wir Trinkwasser?, Seite 100/101
■ Wohin mit dem gebrauchten Wasser?, Seite 102/103

Im Wasserwerk wird das Wasser so aufbereitet, dass man es ohne Gefahr für die Gesundheit trinken kann. Dazu wird es gefiltert und entkeimt. Manchmal ist das Wasser stärker verschmutzt. Dann ist die Behandlung des Wassers aufwändig und teuer.

Die Aufbereitung von Trinkwasser ist sehr unterschiedlich. Sie richtet sich nach der jeweiligen Beschaffenheit des natürlichen Wassers. Immer wird es jedoch gefiltert und entkeimt.

Ein Vorratsbehälter sorgt dafür, dass bei Bedarf immer genügend Trinkwasser zur Verfügung steht. Damit das Trinkwasser nicht aus dem Wasserhahn tröpfelt oder mit zu hohem Druck aus dem Wasserhahn schießt, gibt es Pumpstationen. Sie sorgen dafür, dass das Wasser immer mit gleichem Druck aus dem Hahn strömt.

1 Beschreibe mithilfe der Abbildung, wie Trinkwasser gewonnen wird.

2 Informiert euch, woher euer Trinkwasser stammt und in welchem Wasserwerk es aufbereitet wird.

▶ Arbeitsheft: Seite 39, 40   ○ Lernsoftware: Nr. 44, 45

Wozu brauchen wir Trinkwasser?

Fast jedes Haus ist an ein weit verzweigtes unterirdisches Wasserleitungsnetz angeschlossen. An der Anschlussstelle misst eine Wasseruhr die entnommene Trinkwassermenge.

Trinkwasser muss bezahlt werden, denn die Aufbereitung und Verteilung kosten Geld. Jeder von uns gebraucht täglich sehr viel Wasser, zum Beispiel zum Duschen, Kochen oder Toilettespülen. Um Geld zu sparen und die Umwelt zu schonen, sollten wir sparsam mit Trinkwasser umgehen.

Zum Duschen benötigt man weniger Trinkwasser als zum Baden. Tropfende Wasserhähne müssen repariert werden, damit das Wasser nicht ungenutzt wegfließt.

1 Beschreibe mithilfe des Bildes, wozu Trinkwasser genutzt wird.

2 Überlege weitere Möglichkeiten, wie man Trinkwasser sparen kann.

■ Woher kommt unser Trinkwasser?, Seite 98/99
■ Wohin mit dem gebrauchten Wasser?, Seite 102/103
■ Trinkwasser ist kostbar, Seite 104
► Arbeitsheft: Seite 39, 40
○ Lernsoftware: Nr. 46

Im Haushalt wird Trinkwasser verschmutzt, zum Beispiel beim Geschirrspülen durch Essensreste und Spülmittel. Auch beim Duschen und Zähneputzen verschmutzen wir das Trinkwasser mit Seife und Zahncreme. Beim Wäschewaschen gelangen Schmutz und Waschmittel in das Wasser.

Das Schmutzwasser wird in Abwasserkanäle geleitet. Unter der Erde gibt es ein großes Netz von Abwasserkanälen, an das fast alle Häuser angeschlossen sind.

Beim Autowaschen gelangt Öl in das Wasser. Autos dürfen deshalb nur in Waschanlagen gewaschen werden. Dort gibt es Vorrichtungen, die das Öl aus dem Schmutzwasser entfernen.

3 Auf dem Bild sind Beispiele dargestellt, wie Trinkwasser verschmutzt wird. Nenne sie.

4 Beschreibe, welcher Schmutz dabei ins Wasser gerät. Schau in der Abbildung nach, wer sich falsch verhält.

Wohin mit dem gebrauchten Wasser?

Rechen Sandfang Vorklärbecken

Der Abwasserkanal mündet in die Kläranlage. Dort wird das verschmutzte Wasser
in mehreren Stufen gereinigt.
Ein Rechen siebt große Teile heraus, zum
Beispiel Wattestäbchen, Plastiktüten, Filter
von Zigaretten, Toilettenpapier oder Strümpfe.
Hier findet sich leider vieles, was nicht in
die Toilette gehört. Nach dieser groben
Reinigung fließt das Wasser in einen Sandfang. In dieser Reinigungsstufe setzt sich
der Sand ab, Fette und Öle werden entfernt.

1 Vermute, wie Sand in das Abwasser
gelangen kann.

Vom Sandfang fließt das Wasser in ein Vor-
klärbecken. Dort sinken kleine Schmutzteile
auf den Boden. Schmutz, der leichter ist als
Wasser, schwimmt auf der Oberfläche. Mit
Schiebern wird dieser Schmutz von der
Oberfläche und vom Boden des Beckens
entfernt.
Das Wasser fließt nun in ein Belebungs-
becken, in dem Luft in das Wasser geblasen
wird. Diese Luft brauchen nützliche Bakte-
rien zum Leben. Sie „fressen" manchen
Schmutz, zum Beispiel Essensreste vom
Geschirrspülen oder Fäkalien. Schmutz und
Bakterien bilden im Wasser Flocken.

● **M 2 Informationen sammeln und verarbeiten,
Seite 6**

■ Woher kommt unser Trinkwasser?, Seite 98/99
■ Wozu brauchen wir Trinkwasser?, Seite 100/101

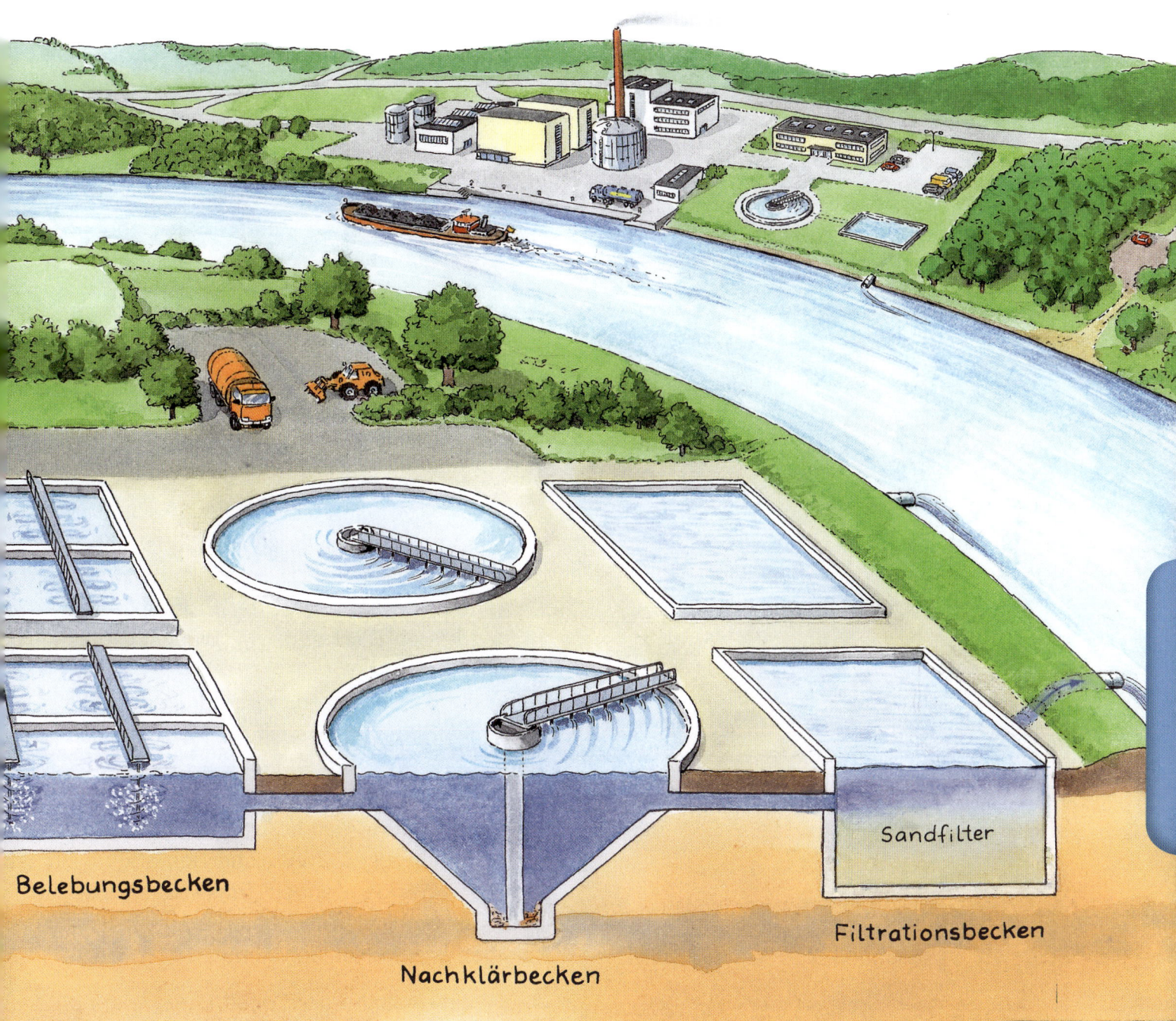

Belebungsbecken

Nachklärbecken

Sandfilter

Filtrationsbecken

Aus dem Belebungsbecken fließt das Wasser in das Nachklärbecken. Hier setzen sich die Flocken als Schlamm ab. Dieser wird später beseitigt. Nach dem Nachklärbecken entfernt eine Filteranlage die restlichen chemischen Verunreinigungen. Obwohl in der Kläranlage ein großer Teil des Schmutzes wieder entfernt wird, ist das geklärte Wasser noch nicht so sauber, dass man es wieder trinken könnte. Das Wasser wird nach der Reinigung in der Kläranlage in Bäche oder Flüsse eingeleitet. In natürlichen Gewässern kann sich dieses Wasser selbst weiter reinigen.

Ohne die Kläranlage wären die Reinigungskräfte der Natur hoffnungslos überfordert. Wasser ist eine Leihgabe der Natur. Durch das Klären geben wir es in einem zumutbaren Zustand an die Natur zurück. Abwasser muss bezahlt werden, da die Reinigung viel Geld kostet.

2 Beschreibe die Klärung des Wassers mithilfe der Abbildung.

3 Erkundigt euch, wo die Kläranlage steht, in der das Abwasser aus eurem Wohngebiet geklärt wird. In welches Gewässer wird das geklärte Wasser eingeleitet?

▶ Arbeitsheft: Seite 39, 40   ○ Lernsoftware: Nr. 47

Trinkwasser ist kostbar

Unser Planet Erde ist größtenteils mit Wasser bedeckt. Deshalb sieht die Erde aus dem Weltall wie eine blaue Kugel aus. Wasser gibt es auf der Erde in verschiedenen Formen: Das meiste Wasser kommt als Salzwasser in den Meeren und Ozeanen vor. Sehr viel weniger Wasser kommt als Süßwasser in den Flüssen, Bächen und Seen, aber auch in Form von Eis und Schnee vor. Menschen und fast alle Tiere und Pflanzen an Land benötigen Süßwasser zum Leben.

1 Betrachte das Diagramm. Was fällt dir auf?

2 Überlege, warum es so wichtig ist mit unserem Trinkwasser sorgsam umzugehen, obwohl es auf der Erde doch auf den ersten Blick sehr viel Wasser gibt.

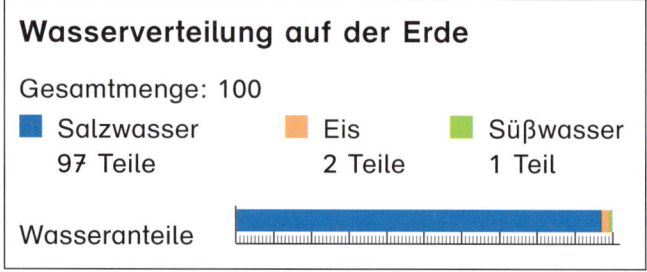

Wasserverteilung auf der Erde

Gesamtmenge: 100

- 🟦 Salzwasser 97 Teile
- 🟧 Eis 2 Teile
- 🟩 Süßwasser 1 Teil

Wasseranteile

Wenn wir den Wasserhahn aufdrehen, fließt sofort Trinkwasser, das wir für viele Zwecke gebrauchen. Wir nutzen es zum Beispiel zum Duschen oder Kochen.
Nicht nur in den Privathaushalten wird Wasser verbraucht. Zahlreiche Betriebe benötigen riesige Mengen Trinkwasser. Es wird zum Beispiel zum Kühlen oder für das Reinigen von Maschinen genutzt.

3 Rechne mithilfe der Tabelle aus, wie viel Wasser a) du verbrauchst und
b) deine Familie insgesamt verbraucht.

4 Überlege, wo man im Haushalt Wasser sparen kann.

5 Fachleute kritisieren, dass wir Trinkwasser zum Spülen der Toiletten oder in der Industrie zum Reinigen nutzen. Sie meinen, dass Regenwasser dafür ausreicht. Welche Meinung hast du? Begründe deine Meinung.

Tätigkeiten	Täglicher, durchschnittlicher Wasserverbrauch pro Person
Hände waschen	15 Liter
baden/duschen	30 Liter
kochen	5 Liter
reinigen	10 Liter
abspülen	5 Liter
Toilette	30 Liter
Wäsche waschen	15 Liter

Versuche mit Wasser

Oberflächenspannung

Wasser hat eine Oberflächenspannung. Ganz leichte Gegenstände werden dadurch von der Wasseroberfläche wie von einer Haut getragen. Der Wasserläufer geht nicht unter, weil ihn die Oberflächenspannung auf der Wasseroberfläche hält. Er kann sich auf der Wasseroberfläche bewegen, ohne zu versinken.

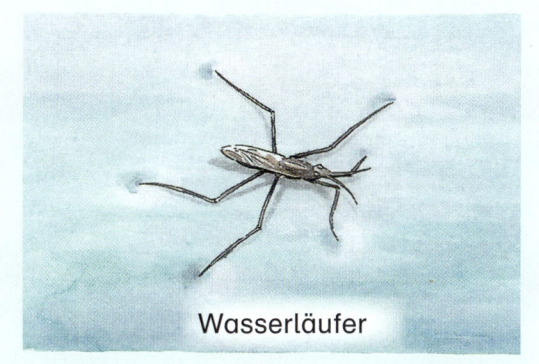

Wasserläufer

Eigene Versuche zum Thema Oberflächenspannung selbst entwickeln

1 Schaut die Abbildungen genau an. Sie helfen euch zu erkennen, welches Material ihr für euren Versuch benötigt.

2 Entwickelt zuerst eine Fragestellung.

3 Vermutet, welches Ergebnis ihr erhalten werdet.

4 Überlegt, wie ihr den Versuch durchführen wollt. Plant eine Reihenfolge der Arbeitsschritte.

5 Führt den Versuch durch und protokolliert (siehe unten) alle Schritte und das Ergebnis.

6 Vergleicht euer Versuchsergebnis mit euren Vermutungen. Überlegt, welche Auswirkungen große Mengen Seife in Gewässern auf Wasserläufer haben.

So schreibt ihr ein Versuchsprotokoll

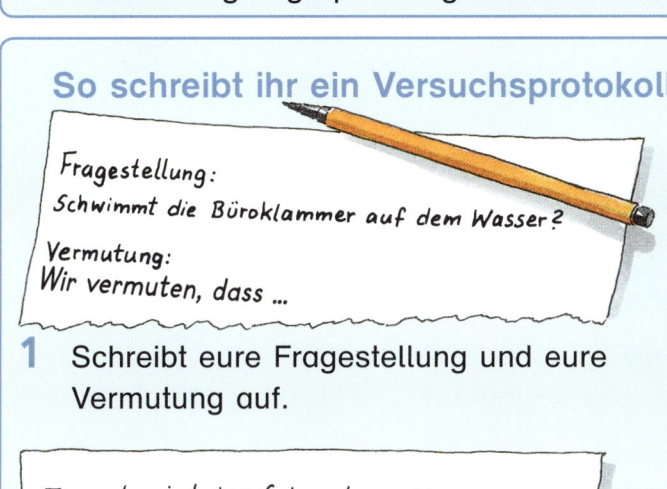

Fragestellung:
Schwimmt die Büroklammer auf dem Wasser?

Vermutung:
Wir vermuten, dass ...

Materialien:

Versuchsaufbau

1 Schreibt eure Fragestellung und eure Vermutung auf.

2 Notiert die Materialien und skizziert den Versuchsaufbau.

Zuerst wird das Schmutzwasser

3 Beschreibt die Durchführung der Versuche. Nennt die einzelnen Schritte in der richtigen Reihenfolge.

4 Führt die Versuche durch. Notiert und skizziert die Ergebnisse. Vergleicht sie mit euren Vermutungen.

Erneuerbare Energiequellen

Wasser, Wind, Sonne und Biomasse sind erneuerbare Energiequellen. Sie erneuern sich von selbst oder wachsen nach. Sie können nicht verbraucht werden.

Im Gegensatz dazu stehen nicht erneuerbare Energiequellen wie Uran, Öl, Kohle und Gas, deren Vorkommen auf der Welt begrenzt sind. Erneuerbare Energien gewinnen an Bedeutung, weil sie umweltfreundlicher sind und unbegrenzt zur Verfügung stehen.

Energie durch Wasserkraft

Heute wird mit Wasserkraft überwiegend elektrische Energie erzeugt. In Wasserkraftwerken strömt Wasser über Turbinen. Diese treiben Generatoren an, die wie Dynamos Strom erzeugen. Wasserkraftwerke nutzen aufgestautes Wasser von Talsperren oder das fließende Wasser der Flüsse. In höhergelegene Pumpspeicherwerke wird mit überschüssiger elektrischer Energie Wasser gepumpt. Wird mehr Strom benötigt, wird das Wasser abgelassen und damit wieder elektrische Energie erzeugt.

Energie durch Windkraft

Früher trieb der Wind die Flügel der Windmühlen an. Heute bewegt er die Rotoren der Windräder. Diese treiben Generatoren an. In den Generatoren wird die Bewegungsenergie der Rotoren in elektrische Energie umgewandelt.

In sehr windreichen Gegenden im Binnenland oder an der Küste werden viele solcher Windräder in mehreren Reihen aufgestellt. Solche Anlagen werden Windparks genannt.

Wo gleichmäßig Winde wehen, können sich manche Gemeinden nahezu selbst mit elektrischer Energie versorgen.

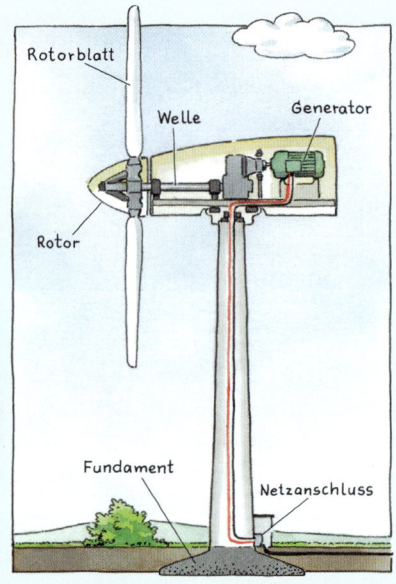

1 Notiere in einer Tabelle erneuerbare und nicht erneuerbare Energiequellen.

2 Nenne Landschaften, die sich für die Nutzung von Windenergie gut eignen.

● M 2 Informationen sammeln und verarbeiten, Seite 6
● M 3 Mit einem Lexikon arbeiten, Seite 6
■ Interaktiv im Internet arbeiten, Seite 142/143

Energie durch Sonnenlicht

Moderne Technologien ermöglichen die Nutzung des Sonnenlichtes. Dunkle Gegenstände erwärmen sich stärker als helle. Daher können schwarze Flächen eines Kollektors auf dem Hausdach die Wärme der Sonnenstrahlen aufnehmen und Wasser aufheizen, das zum Duschen oder für die Heizung genutzt wird.
Aus Sonnenlicht kann auch elektrische Energie erzeugt werden. Solarzellen nutzen das Sonnenlicht und erzeugen elektrischen Strom. Um mehr Strom zu erzeugen, werden viele Solarzellen zu Solarmodulen zusammengesetzt.

Kollektor
Solaranlage

3 Vergleiche Kollektoren und Solarzellen. Nenne Unterschiede.

Energie durch Biomasse

In Biogasanlagen werden organische Abfälle (Biomasse) gesammelt, zum Beispiel Gras, Mist, Gülle oder Energiepflanzen wie Mais. Im Gärbehälter bauen Mikroorganismen die Abfälle ab. Dabei entsteht Biogas. Das Gas wird in einem Gasmotor im Blockheizkraftwerk verbrannt. Die gewonnene Energie wird zum Heizen und zur Stromerzeugung verwendet. Nicht abbaubare Rückstände werden als Dünger genutzt.

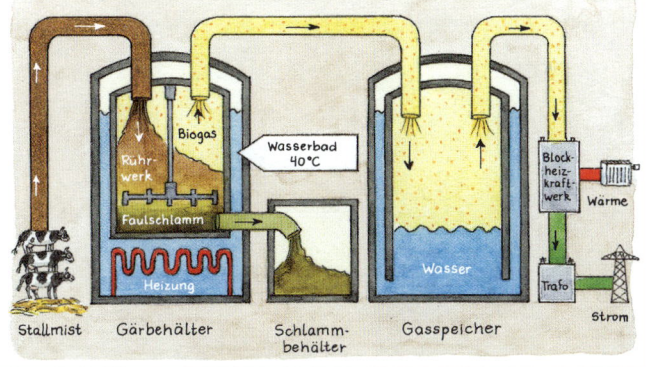

4 Beschreibe die Funktion einer Biogasanlage mithilfe der Abbildung.

Diskussion über Energiequellen

Durch die Verbrennung von Öl, Kohle und Gas in Kraftwerken sowie durch Atomkraftwerke sehen viele Menschen die Umwelt und die Sicherheit der Menschen gefährdet. Erneuerbare Energien sind hier umweltfreundlicher. Bei den erneuerbaren Energien wird bemängelt, dass sie zum Beispiel nicht immer zur Verfügung stehen und die Landschaft verunstalten.

5 Stellt fest, wo in eurer Nähe erneuerbare Energien genutzt werden.

6 Führt eine Diskussion über Energiequellen. Sammelt Argumente.

▶ Arbeitsheft: Seite 41

Bedeutende Erfindungen

Viele Erfindungen sind aus der Entdeckung und Beobachtung von Naturerscheinungen und Naturgesetzen entstanden. So haben zum Beispiel Menschen beobachtet, dass Steine durch Klopfen Funken sprühen können. Dadurch kam vielleicht ein Mensch auf die Idee, durch das Aneinanderschlagen zweier Steine gezielt Feuer zu entfachen. Diese Erfindung des Feuermachens wurde immer weiterentwickelt. So entstanden neue Erfindungen wie Streichhölzer oder Feuerzeuge. Manche Erfindungen sind Zufälle, andere Erfindungen entstehen aus Überlegungen, etwas zu verbessern. Erfindungen können von einer Person gemacht werden. Oft sind aber mehrere Menschen an einer Erfindung beteiligt, und es dauert sehr lange, bis eine Erfindung ausgereift ist. Häufig werden Dinge auch zur gleichen Zeit in verschiedenen Regionen der Welt erfunden, sodass eine Erfindung nicht immer genau einem Erfinder zugeordnet werden kann.

Der Buchdruck ist eine der bedeutendsten Erfindungen der Menschen. Zunächst wurden auf Holzbretter Schriftzeichen eingeschnitten und abgedruckt. Das war sehr aufwändig. Der Mainzer Drucker **Johannes Gutenberg** erfand im Jahr 1445 eine schnellere und sparsamere Methode des Buchdruckes. Gutenberg stellte aus Metall Einzelbuchstaben her. Diese wurden zu Texten zusammengesetzt. Nach jedem Druck konnte man die Buchstaben trennen und für einen anderen Druck wiederverwenden.

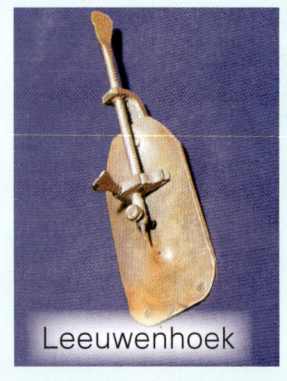

Leeuwenhoek · Hooke

Um 1630 wurden in Holland die ersten Mikroskope erfunden. **Antonie van Leeuwenhoek** verbesserte diese einfachen Mikroskope und entdeckte als Erster Bakterien im Zahnbelag. Der englische Physiker **Robert Hooke** erfand ein Mikroskop mit zwei Linsen, das stärker vergrößern konnte als die Mikroskope von van Leeuwenhoek. Mit seinem Mikroskop stellte Robert Hooke als Erster fest, dass Pflanzen aus Zellen bestehen.

Schon vor über 2000 Jahren fiel den Griechen die Kraft des Wasserdampfs auf. Aber erst viel später gelang es Erfindern, diese Kraft zu nutzen. So erfand der Franzose **Denis Papin** um 1674 einen Dampfkochtopf. In England entwickelte der Bergbauingenieur **Thomas Savery** zur gleichen Zeit eine mit Dampf betriebene Wasserpumpe. Die erste leistungsfähige Dampfmaschine für die Industrie baute 1765 der Engländer **James Watt**.

● M 3 Mit einem Lexikon arbeiten, Seite 6

Am 10. März 1876 sprach der Amerikaner **Alexander Bell** zum ersten Mal durch ein Telefon mit seinem Assistenten. Nur drei Tage vorher hatte er für dieses Telefon das Patent bekommen. Mit einem Patent wird eine Erfindung und ihre Nutzung gesetzlich geschützt.
Als eigentlicher Erfinder gilt jedoch der Deutsche **Johann Philipp Reis**, der bereits 1861 in seinem Garten ein Telefongespräch vorführte. Dieses Telefon setzte sich auf dem Weltmarkt nicht durch.

Konrad Zuse

Konrad Zuse ärgerte sich während seines Studiums über die vielen Berechnungen, die man als Ingenieur durchführen muss. So kam er auf die Idee, eine Maschine zu erfinden, die man nur mit Informationen füttern musste und die dann das Ergebnis berechnen würde. Sechs Jahre dauerte es, bis Konrad Zuse am 12. Mai 1941 seine erste frei programmierbare Rechenmaschine, die Z3, in Betrieb nehmen konnte. Die Rechenmaschine hatte die Größe von zwei großen Schränken.

Der Amerikaner **Thomas Alva Edison** lebte von 1847 bis 1931 und erhielt für über 1000 seiner Erfindungen die Patente. Seine erfolgreichste Erfindung war die elektrische Glühlampe.
Wenn Edison eine Idee verfolgte, ließ er sich wie fast alle bekannten Erfinder nicht durch Misserfolge und Rückschläge entmutigen. Für die Erfindung der Glühlampe führte er zum Beispiel über 9000 Versuche durch. Im Jahr 1880 erhielt er für diese Erfindung das Patent.

1 Notiere, welche der Erfindungen heute noch im Alltag genutzt werden.

2 Überlege, wie sich das Leben der Menschen durch diese Erfindungen verändert hat.

Übrigens

Für Jugendliche bis 21 Jahre gibt es seit 1966 den Wettbewerb „Jugend forscht". Dadurch können junge Erfinder entdeckt und gefördert werden. Diese Schüler entwickelten einen neuen Schulstuhl, der bequem ist, sich schnell einstellen lässt und „mitwächst".

Wir bauen mit Stützen, Trägern und Streben

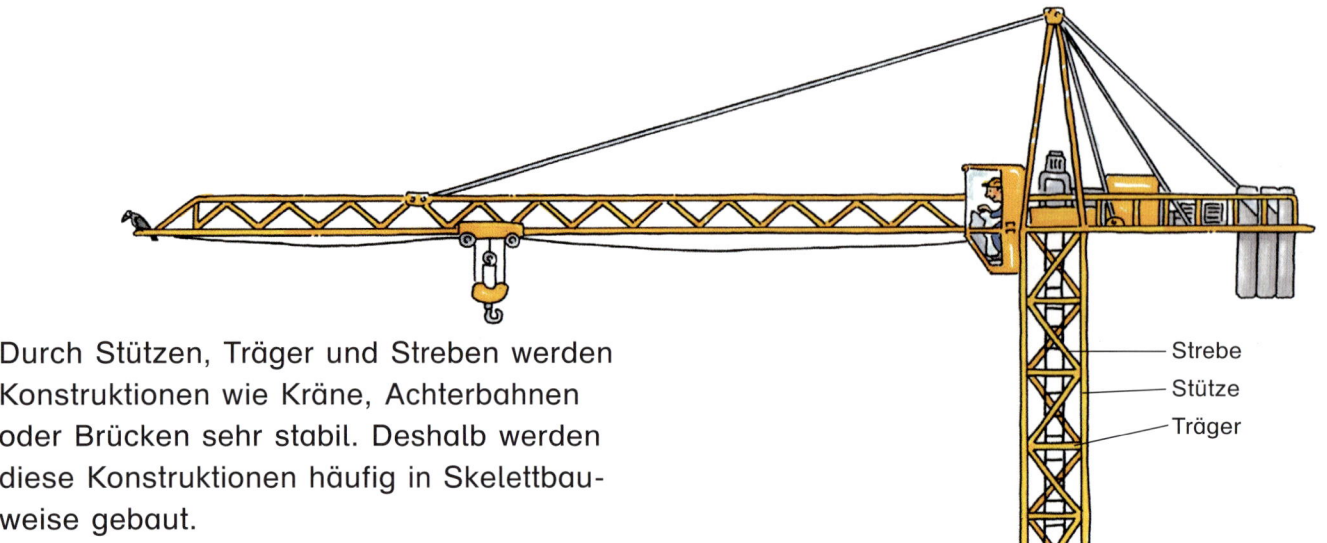

Strebe
Stütze
Träger

Durch Stützen, Träger und Streben werden Konstruktionen wie Kräne, Achterbahnen oder Brücken sehr stabil. Deshalb werden diese Konstruktionen häufig in Skelettbauweise gebaut.

So baut ihr Stützen, Träger und Streben
Du brauchst: DIN-A4-Papier 80 g, eine Schere und einen Klebestift.

1 Stütze
- 20 cm lang und 4 cm breit
- Das Blatt in der Mitte falten.

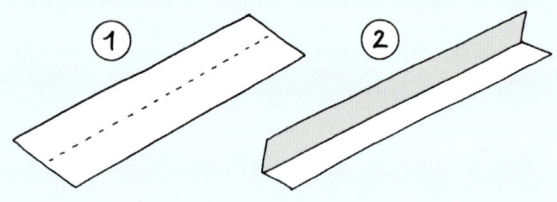

2 Strebe
- 21 cm lang und 8 cm breit
- Das Papier zu einem Dreieck falten und zwei Seiten übereinander kleben.

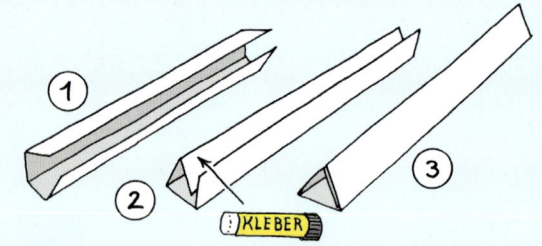

3 Ecken zur Befestigung
- 4 cm lang und 4 cm breit
- Ecke erst falten, dann einschneiden und kleben.

4 Träger
- 10 cm lang und 4 cm breit
- Das Blatt falten, dann die Ecken einkleben.

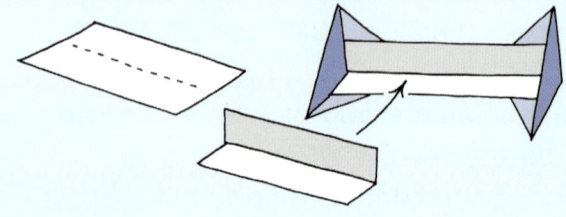

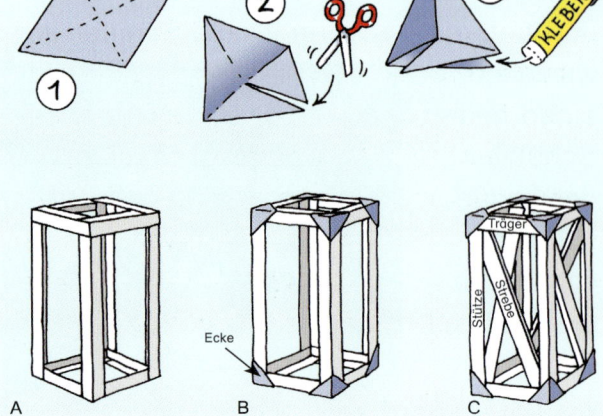

A   B   C

5 Baut nun aus den Einzelteilen die drei Quader A, B und C nach.

6 Prüft die Stabilität der drei Quader.

7 Begründet eure Beobachtungen.

1 Wo findest du in deiner Umgebung Konstruktionen in Skelettbauweise?
Nenne Beispiele.

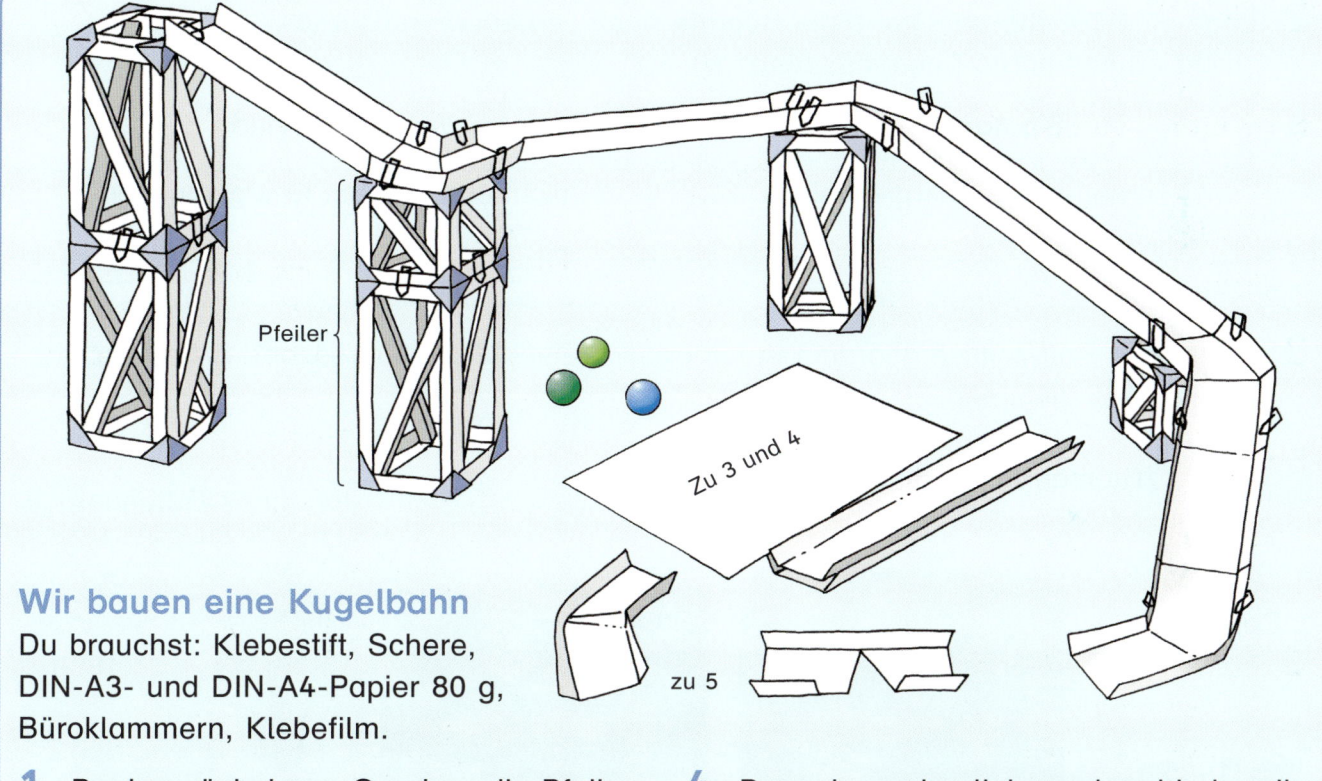

Pfeiler

Zu 3 und 4

zu 5

Wir bauen eine Kugelbahn
Du brauchst: Klebestift, Schere,
DIN-A3- und DIN-A4-Papier 80 g,
Büroklammern, Klebefilm.

1 Baut zunächst aus Quadern die Pfeiler
der Kugelbahn. Die Quader sind 20 cm
hoch und 10 cm breit. Die Würfel
haben eine Seitenlänge von 10 cm.

2 Verbindet danach die Pfeiler an den
Trägern mit Büroklammern. Zwei Quader übereinander haben eine Höhe von
40 cm. Quader und Würfel ergeben
30 cm Höhe.

3 Die Bahnen werden aus dem DIN-
A3-Papier hergestellt. Faltet es
zunächst zweimal, sodass sich eine
Breite von 10 cm ergibt.

4 Danach werden links und rechts jeweils
2 cm lange Kanten hochgefaltet.

5 Die Kurven werden nach der gleichen
Art aus DIN-A4-Papier gefaltet. In der
Mitte wird ein Winkel ausgeschnitten.
Die Teile werden übereinandergezogen
und mit Klebefilm zusammengeklebt.

6 Zum Schluss werden Bahn- und Kur-
venteile mit Büroklammern verbunden.

7 Erfindet eigene Kugelbahnen. Lasst
zwei Kugeln gleichzeitig laufen.

Lernsoftware: Nr. 34–36

Technik: Das habe ich gelernt

In diesem Sachbuch darf nicht geschrieben oder gezeichnet werden!
Notiere daher in deinem Heft die Überschrift dieser Seite, die Nummer und den
Buchstaben der Aufgabe und dahinter deine Antwort.

1 Notiere die Gruppen A–D. Streiche in jeder Gruppe den nicht passenden Begriff.

A Stütze	**B** Rechen	**C** Grundwasser	**D** Uferfiltratbrunnen
Träger	Sandfang	Abwasser	Grundwasserbrunnen
Skelettbalken	Schwimmbecken	Quellwasser	Talsperre
Strebe	Nachklärbecken	Zuckerwasser	Wasserhahn

2 Lege eine Tabelle an. Ordne die Begriffe nach „erneuerbaren" und
„nicht erneuerbaren Energiequellen" zu:

E   **Biomasse – Gas – Kohle – Öl – Sonne – Wasser – Wind**

erneuerbare Energiequellen	nicht erneuerbare Energiequellen

3 Notiere im Heft zeitlich geordnet in folgender Reihenfolge: Jahreszahl, Erfindung,
Erfinder, Bildnummer.

F

Thomas Alva Edison

1941

Johannes Gutenberg

Computer

①

②

1880

③

1445

Konrad Zuse

Glühlampe

Buchdruck

4 Prüfe die Richtigkeit der Sätze. Notiere nur die richtigen Sätze in deinem Heft.

G – Trinkwasser ist unser wichtigstes Lebensmittel.
– Trinkwasser wird von Kraftwerken geliefert.
– Grundwasser und Quellwasser eignen sich nicht gut für die Trinkwassergewinnung.
– Im Wasserwerk wird das Grundwasser aufbereitet und ist dann trinkbar.
– Trinkwasser muss von den Haushalten nicht bezahlt werden.
– Das Schmutzwasser wird in Abwasserkanäle geleitet.

Zeit

Am 9. November 1989 tanzten die Menschen auf der Berliner Mauer. Damit begann der Weg zur Vereinigung der beiden deutschen Staaten. Informiert euch über diese Zeit.

In den 50er-Jahren konnten sich nur wenige Menschen ein Auto kaufen. Befragt Zeitzeugen.

Das Mittelalter war die Zeit der Ritter. Findet heraus, wie lange das Mittelalter dauerte.

- M1 Bilder vergleichen
- M2 Informationen sammeln und verarbeiten
- M3 Mit einem Lexikon arbeiten

Lebenszyklen

Pflanzen, Tiere und Menschen leben nicht ewig, sondern nur eine bestimmte Zeitspanne. Das Lebensalter, das zum Beispiel eine Blume, ein Baum, ein Schmetterling oder ein Mensch erreichen kann, ist sehr unterschiedlich. Einerseits hängt es von den Lebensbedingungen ab. Schlechtes Wetter, Nahrungsmangel oder andere Gefahren beeinträchtigen oder vernichten das jeweilige Lebewesen. Andererseits spielt die Veranlagung des Körpers eine große Rolle: Eine Eintagsfliege könnte selbst bei besten Bedingungen niemals hundert Jahre alt werden.

Jedes Lebewesen verändert sich während seines Lebens in bestimmter Weise. Ein junger Baum und ein alter Baum, ein Säugling und ein alter Mensch zeigen eine Vielzahl an Veränderungen. Sie entstehen durch die Veranlagung und die Umgebung.

1 Das Bild oben zeigt Abschnitte des menschlichen Lebens. Beschreibe das Bild. Nenne die Veränderungen zwischen den verschiedenen Lebensaltern.

2 Die untere Bildreihe zeigt den Lebenslauf einer Sonnenblume. Beschreibe die einzelnen Entwicklungsschritte.

29 Jahre

36 Jahre

122 Jahre

1,5 Monate

104 Jahre

256 Jahre

5062 Jahre

1500 Jahre

211 Jahre

3 Vergleiche die Lebensalter der verschiedenen Lebewesen.

4 Schau dir die Zeitleisten genau an. Mithilfe der Zeitleisten kannst du das Höchstalter der verschiedenen Lebewesen gut ablesen und vergleichen. Achtung! Alle Zeitleisten haben unterschiedliche Maßstäbe.

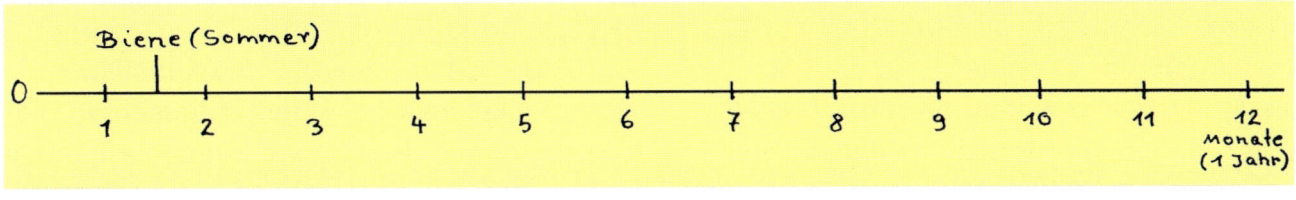

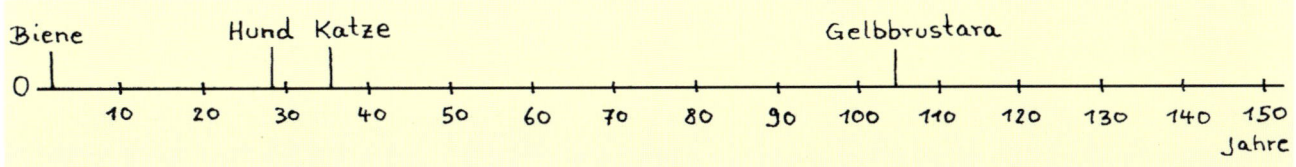

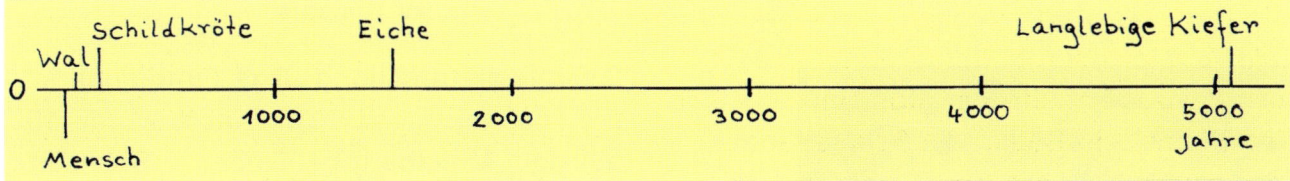

Leben und Sterben

Jeden Tag entsteht neues Leben. An jedem Tag stirbt Leben. Dies betrifft nicht nur Pflanzen und Tiere, sondern auch uns Menschen. Aber auch Sterne, ferne Sonnen, Planeten und Monde entstehen und vergehen. Diskutiert eure Gedanken über dieses ständige Werden und Vergehen.

Die Bronzezeit

Gegen Ende der Steinzeit gelang es den Menschen, in Schmelzöfen aus erzhaltigem Gestein Kupfer zu gewinnen und daraus Schmuck und kleine Dolche anzufertigen. Schließlich entdeckte man, dass das Metall härter und haltbarer wurde, wenn dem Kupfer etwas Zinn beigemischt wurde: Die Bronze war erfunden. In unserem Land dauerte die Bronzezeit von etwa 2000 vor Christus bis 800 vor Christus.

Die Menschen wohnten meist in etwa 25 Meter langen Gemeinschaftshäusern aus Holzpfosten, zwischen die man als Wände Zweige von Sträuchern geflochten und mit Lehm ausgefüllt hatte.

In ihren Siedlungen bauten die Bauern Gerste und Weizen, aber auch Salat, Obst und Gemüse an und hielten Rinder, Schweine, Ziegen und Schafe. Töpfer schufen kunstvolle Vasen. Andere Menschen hatten sich auf Bronzeerzeugnisse spezialisiert. Bergleute gruben Erzgestein aus, Schmelzmeister schmolzen es in Öfen mithilfe von Holzkohle zu Metallbarren. Bronzegießer fertigten Waffen, Geräte und kunstvolle Schmuckstücke an. Händler tauschten diese Waren gegen Kupfer und Zinn. Die Fürsten einer Gegend wurden häufig nach ihrem Tod unter meterhohen Grabhügeln mit ihren Waffen und ihrem Schmuck beerdigt.

| 2100 | **2000** | 1900 | 1800 | 1700 | 1600 | 1500 | 1400 | 1300 | 1200 | **1000** | 900 | 800 | 700 |

vor Christus

Geschichtsforschung: Das Fundstück

Die Himmelsscheibe von Nebra wurde 1999 auf dem Mittelberg bei Nebra in Sachsen-Anhalt gefunden. Sie stammt aus der Bronzezeit vor etwa 4000 Jahren. Die Scheibe besteht aus Kupfer und Zinn mit einer Goldauflage, wiegt 2,3 kg und hat einen Durchmesser von 32 cm. Die Himmelsscheibe gehört zum Weltkulturerbe.

1 Beschreibe die Himmelsscheibe.

2 Informiere dich über die Fund- und Forschungsgeschichte der Scheibe.

● **M 2 Informationen sammeln und verarbeiten,** Seite 6

● **M 3 Mit einem Lexikon arbeiten, Seite 6**

Die Römer

Die Römer hatten unter ihrem Feldherrn Cäsar bis zum Jahr 52 vor Christus alle Gebiete auf der linken Seite des Rheins erobert. Sie wollten weiter nach Germanien vordringen. Diesen Plan mussten sie im Jahr 9 n. Chr. aufgeben, weil sie nördlich von Osnabrück in der Varus-Schlacht von den Germanen vernichtend besiegt wurden. Die Römer verloren danach lange Zeit die Herrschaft über die Provinz Germanien, machten aber immer wieder Feldzüge in das Gebiet.

Neue Ausgrabungen seit 2008 am westlichen Harzrand bei Gandersheim zeigen, dass hier die Römer um 235 n. Chr. erneut einen Kampf mit den Germanen hatten. Diesmal waren die Römer überlegen und siegten. Doch das mächtige Reich der Römer war geschwächt und beherrschte die Provinzen nicht mehr sicher. 476 n. Chr. endete die Römerzeit. Bis heute erhalten sind die vielen Städtegründungen und Beispiele aus Technik, Kunst, Lebensstil und Sprache.

| 500 | 400 | 300 | 200 | 100 | 0 | 100 | 200 | 300 | 400 | 500 | 600 | 700 | 800 | 900 |

nach Christus

Geschichtsforschung: Das Museum

Ein Museum ist eine Einrichtung, die besondere Gegenstände sammelt, restauriert und erforscht. Ausgewählte Stücke werden in Ausstellungsräumen gezeigt. Gegenstände aus der Römerzeit sind in vielen Museen zu finden.

1 Welche Museen hast du schon besucht? Erzählt euch gegenseitig von euren Museumsbesuchen.

2 Findet heraus, welche Museen es in eurer Region gibt.

● M 2 Informationen sammeln und verarbeiten, Seite 6
● M 3 Mit einem Lexikon arbeiten, Seite 6

▶ Arbeitsheft: Seite 42

Ritter und Burgen

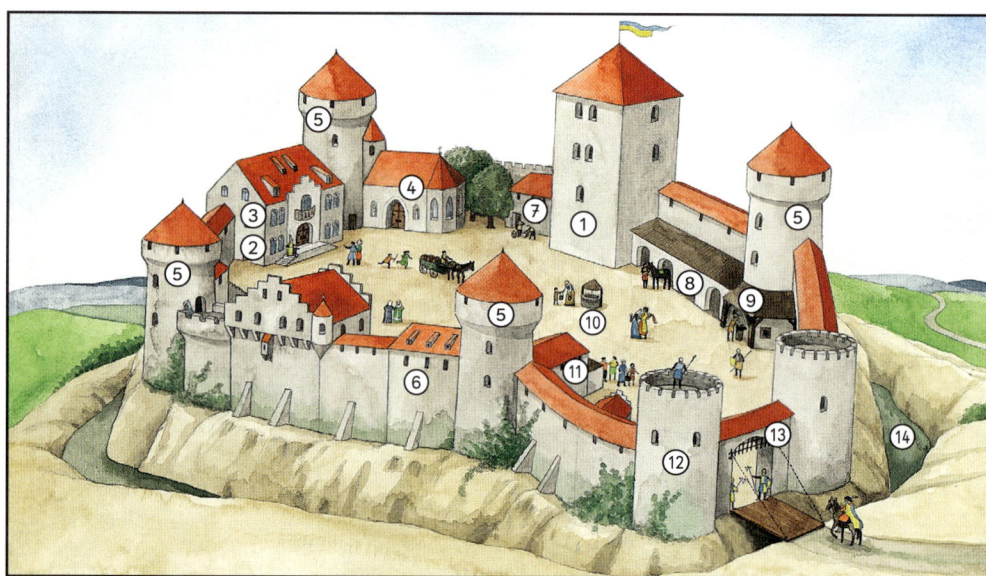

1 Bergfried
2 Palas mit Rittersaal
3 Kemenate
4 Kapelle
5 Wehrtürme
6 Gesindehäuser
7 Vorratshaus
8 Ställe
9 Schmiede
10 Brunnen
11 Scheune
12 Wachturm
13 Tor mit Zugbrücke
14 Burggraben

Die Zeit der Ritter und Burgen war die Zeit von etwa 900 bis 1500. Diese Zeitspanne wird auch als Mittelalter bezeichnet. Damals regierten Grafen und Fürsten über viele Gebiete Deutschlands. Sie ließen Burgen bauen, um ihr Land zu schützen. In der Burg lebte der Burgherr mit seiner Familie, seinen Rittern, Mägden und Knechten. Oft lagen die Burgen auf Bergen. Wasserburgen baute man in flacheren Gegenden. Außen waren die Burgen von einer dicken Ringmauer umgeben. Auf dem Bergfried beobachtete ein Wächter das Land. Nur über eine bewachte

Zugbrücke hatte man Zugang zum Burgtor. Von den hohen Wehrtürmen aus ließ sich die Burg gut verteidigen. Im Palas wohnte der Burgherr, in den Gesindehäusern die Ritter, Mägde und Handwerker. Die Pferde waren in den Ställen untergebracht. Damit die Bewohner in Kriegszeiten nicht so leicht ausgehungert werden konnten, waren die großen Scheunen und Vorratshäuser gefüllt.

1 Fertige eine Skizze einer Burg an und beschrifte diese mit den richtigen Fachbegriffen.

900	950	1000	1050	1100	1150	1200

Geschichtsforschung: Geschichten, Sagen und Legenden

Felsen, große Steine oder Findlinge haben schon immer die Menschen interressiert. Früher wussten die Menschen nicht, wie die Felsen oder Steine an ihren Standort gelangt waren. So entstanden in jeder Region Geschichten, Sagen und Legenden. Viele Sagen und Legenden erzählen von Ereignissen, die angeblich passiert sind.

1 Welche Sagen und Legenden gibt es in eurer Region? Berichtet.

● M 2 Informationen sammeln und verarbeiten, Seite 6
● M 3 Mit einem Lexikon arbeiten, Seite 6

▶ Arbeitsheft: Seite 43

Entdecker – Kolumbus

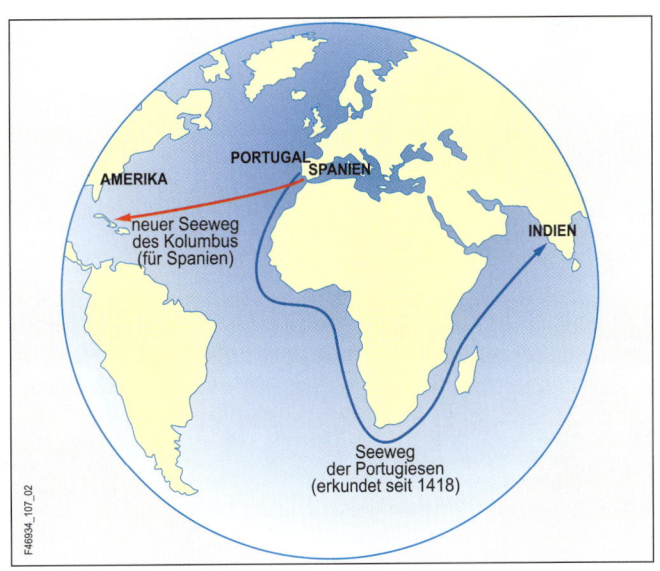

Die Zeit von 1450 bis 1600 ist das Zeitalter der Entdecker. Damals wurden von Europa aus viele bis dahin unbekannte Länder entdeckt.

Christoph Kolumbus arbeitete als Seefahrer für Spanien. Er sollte Waren aus Ländern im Osten, wie Indien und China, beschaffen. Aber der Seeweg nach Osten war durch Händler aus anderen Ländern schon besetzt. Kolumbus sagte sich: „Indien liegt zwar im Osten. Wenn die Welt aber eine Kugel ist, werde ich auch nach Indien kommen, wenn ich nach Westen segele."

Mit drei Segelschiffen brach er von Spanien aus auf die beschwerliche, unbekannte Fahrt nach Westen auf. Erst nach 71 Tagen Fahrt war Kolumbus am 12. Oktober 1492 an einer kleinen Insel vor der Küste Amerikas gelandet. Vergebens suchte er dort nach den Reichtümern des Ostens, von denen er gelesen hatte. Trotzdem blieb er überzeugt, in Indien angekommen zu sein. Er wurde in Spanien als Entdecker des Seeweges nach „Indien" bejubelt. Noch als Kolumbus 1506 starb, wusste er nicht, dass er nicht in Indien gelandet war, sondern dass er Amerika entdeckt hatte.

| 1250 | 1300 | 1350 | 1400 | 1450 | 1500 | 1550 |

Geschichtsforschung: Der Kupferstich

Beim Kupferstich wird ein Bild tief in eine Kupferplatte mit einem Grabstichel eingeritzt. Die entstandenen Linien werden mit schwarzer Farbe gefüllt. Dann erfolgt der Druck auf Papier. Diese Technik und der Buchdruck entwickelten sich im 15. Jahrhundert. Nun konnten beliebig viele Drucke eines Bildes hergestellt werden, die auch farbig bemalt wurden.

1 Der Kupferstich zeigt Kolumbus auf einer Insel. Beschreibe das Bild. Wie verhalten sich Spanier und Einheimische?

● M 2 Informationen sammeln und verarbeiten, Seite 6

■ Die Erde und ihre Kontinente, Seite 86/87
► Arbeitsheft: Seite 44

Der Dreißigjährige Krieg

Im 17. Jahrhundert war das heutige Deutschland in etwa 350 Länder zersplittert, die entweder katholisch oder evangelisch waren. Wie in vielen Ländern Europas stritten auch hier die Christen über den richtigen Glauben. Darüber brach 1618 ein Krieg aus, der dreißig Jahre dauerte: der Dreißigjährige Krieg.

In ihm kämpften die katholischen Länder gegen die evangelischen Länder. Aber bald ging es weniger um die Religion als um die Macht der Fürsten und ihren Besitz.

Dreißig Jahre lang verwüsteten ihre Landsknechte aus den verschiedensten Teilen Europas die deutschen Länder. Sie kämpften nicht für ein Land, sondern für Geld und Kriegsbeute. Überall, wo sie waren, schleppten sie das Hab und Gut der Bewohner weg und quälten und töteten sie oft in grausamer Weise. Was sie nicht brauchten, zerstörten sie oder setzten es in Brand. So litten die Menschen nicht nur unter der Gewalt, sondern auch unter Hunger, Kälte und ansteckenden Krankheiten.

Als der Krieg 1648 beendet wurde, hatten in Deutschland von 16,5 Millionen Einwohnern 6 Millionen ihr Leben verloren. Von 100 Gebäuden waren 40 zerstört worden.

1600	1610	1620	1630	1640	1650	1660	1670	1680	1690	1700	1710	1720

Geschichtsforschung: Das Gemälde

Das Gemälde zeigt Albrecht Wenzel von Waldstein, genannt Wallenstein. Er war ein böhmischer Adeliger, der im Dreißigjährigen Krieg ein berühmter Feldherr wurde.

Wallenstein kämpfte auf der Seite des Kaisers für die katholische Seite. Durch den Krieg kam er zu Macht und Reichtum.

1634 wurde er vom Kaiser abgesetzt. Wallenstein floh nach Eger und wurde dort ermordet.

1 Beschreibe die Kleidung, in der sich Wallenstein damals malen ließ.

● M 3 Mit einem Lexikon arbeiten, Seite 6

Die Eisenbahn löst die Postkutsche ab

Bevor es Eisenbahnen gab, fuhren Reisende beschwerlich und langsam mit Postkutschen. Dann gelang es in England, aus der Dampfmaschine die Lokomotive zu entwickeln. 1825 wurde dort die erste Eisenbahnstrecke der Welt mit einer Lokomotive von George Stephenson eröffnet. Für den 20 km langen Weg brauchte der Zug drei Stunden, genauso lange wie ein schneller Wanderer. Noch fürchteten sich viele Menschen vor der neuen Erfindung: „Dieses Feuer speiende Ungetüm wird explodieren."

In Deutschland fuhr 1835 die erste Eisenbahn die 6 km lange Strecke zwischen Nürnberg und Fürth. Die Lokomotive hieß „Adler" und ihre Personenwagen glichen noch sehr den Postkutschen. Viele Menschen bestaunten neugierig dieses Ereignis. Fahnen, Girlanden, Musik und Reden sorgten für festliche Stimmung. Schließlich gab ein Kanonenschuss das Zeichen für die Abfahrt. Geheimnisvoll hantierte der Lokführer an Rädern und Hebeln, der Heizer legte eine Schaufel Kohlen nach der anderen auf, bis der hohe Schornstein Funken und dicke Rauchwolken ausstieß. Dann fauchte die Lokomotive, der ganze Zug ruckte, knirschte und die Lok setzte sich mit den neun Wagen in Bewegung. Bald fuhren die 200 Personen mit über 20 Kilometern pro Stunde auf Fürth zu. Schon nach 15 Minuten waren sie angekommen, schneller, bequemer und preiswerter als je zuvor. Wenige Jahre später wurden immer mehr neue Bahnstrecken eröffnet und miteinander verbunden.

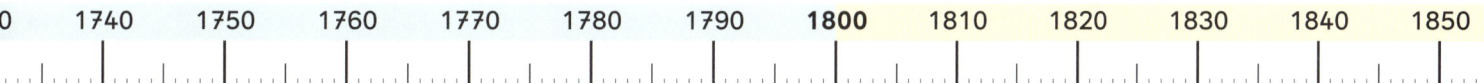

Geschichtsforschung: Das Dokument

Ein Dokument ist nach dem lateinischen Wort „documentum" eine „beweisende Urkunde". Wichtige Dokumente sind z. B. Heiratsurkunden, Kirchenbücher und Verträge. Die Einladung zur ersten Eisenbahnfahrt in Deutschland ist ein wichtiges Dokument.

1 Was erfährst du mithilfe dieser Eintrittskarte über die erste Eisenbahnfahrt?

2 Erkundige dich in Museen, Büchern oder im Internet über die Geschichte der Eisenbahn in deiner Region.

● M 2 Informationen sammeln und verarbeiten, Seite 6

■ Verschiedene Verkehrsmittel, Seite 40/41
▶ Arbeitsheft: Seite 45

Die 50er-Jahre

Opa erzählt aus seiner Kindheit

„In den 50er-Jahren war ich ein Kind. Der Zweite Weltkrieg war erst einige Jahre vorbei. Deshalb gab es noch viele Trümmergrundstücke, wo wir gerne spielten. Zum Fahren besaß ich zuerst einen Holzroller, dann einen Ballonreifenroller. Ein Fahrrad hatten nur manche älteren Jungen. Dabei hätte ich gefahrlos auf der Straße fahren können. Dort fuhren weniger Autos als heute, zudem waren sie kleiner und langsamer. Meine Hose konnte ruhig schmutzig werden, denn wie die meisten Kinder trug ich eine Lederhose. Das war vor allem für meine Mutter praktisch, schließlich musste sie anfangs noch alles mit der Hand waschen. Nur die neuen Häuser, die auf den Trümmergrundstücken entstanden, verfügten über Badezimmer. Ich badete noch lange samstags in einer Zinkwanne in der Küche. 1954 kauften die ersten Familien einen Fernseher, aber wir konnten uns noch keinen leisten. Stereoanlagen, Festplattenrekorder, Personalcomputer, Tablet oder Handy waren noch nicht erfunden. Meine ältere Schwester freute sich sehr, als sie endlich zu ihrem 16. Geburtstag einen Schallplattenspieler geschenkt bekam.

Beim Einkaufen wurden die Kunden bedient, denn viele Waren mussten erst abgewogen und in Tüten gefüllt werden. Milch ging ich mit der Milchkanne einkaufen. Meistens schenkte mir der Kaufmann ein Bonbon. Ja, so haben wir in den 50er-Jahren gelebt.“

1860	1870	1880	1890	**1900**	1910	1920	1930	1940	1950	1960	1970	1980

Geschichtsforschung: Die Fotografie

Das Wort Fotografie bedeutet „mit Licht zeichnen". Bevor es die Digitalfotografie gab, wurden Fotos mit speziellen Fotoapparaten auf Film gemacht. Der Film wurde mit Chemikalien entwickelt. Danach stellte man Abzüge her, die Fotos. Das Foto zeigt einen Lebensmittelladen in den 50er-Jahren.

1 Beschreibe den Lebensmittelladen. Vergleiche mit einem Supermarkt heute.

2 Frage in deiner Familie nach, ob es noch alte Familienfotos von früher gibt.

● M 3 Mit einem Lexikon arbeiten, Seite 6

Die Wiedervereinigung Deutschlands

1945 war der Zweite Weltkrieg zu Ende gegangen. Deutschland hatte ihn verloren. Die USA, England und Frankreich hatten den Westen und Russland den Osten besetzt. Russland und die „Westmächte" hatten unterschiedliche Pläne, wie unser Land regiert werden sollte. Deshalb wurde Deutschland 1949 getrennt: in die Bundesrepublik Deutschland (BRD) und in die Deutsche Demokratische Republik (DDR). Berlin war geteilt in Ostberlin und Westberlin.

Weil viele Menschen aus der DDR geflohen waren, ließ die Regierung der DDR 1961 zwischen den beiden Teilen Berlins eine Mauer sowie zwischen ihrem Gebiet und der Bundesrepublik einen 1378 Kilometer langen bewachten Grenzzaun errichten. Wer diese Grenze überwinden wollte, riskierte sein Leben.

Von September 1989 an demonstrierten immer mehr Menschen gegen die DDR-Regierung, weil diese ihnen zu wenig Rechte und Mitbestimmung gewährte. Ihr Ruf war: „Wir sind das Volk!" Schließlich sah sich die Regierung am 9. November 1989 gezwungen, die Berliner Mauer und die Grenze mitten durch Deutschland zu öffnen. Noch in der gleichen Nacht kamen viele Menschen aus Ost- und Westberlin an der Mauer zusammen und feierten voller Freude.

Kurz darauf trat die Regierung der DDR zurück. Am 3. Oktober 1990 wurden die beiden Teile Deutschlands wiedervereinigt.

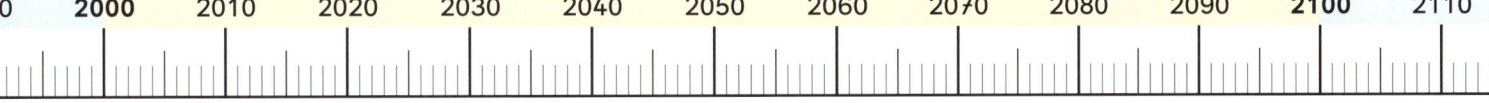

2000	2010	2020	2030	2040	2050	2060	2070	2080	2090	**2100**	2110	

Geschichtsforschung: Der Zeitzeuge

Zeitzeugen können über bestimmte historische Ereignisse berichten, weil sie zu dieser Zeit gelebt haben. Ein Augenzeuge muss bei einem Ereignis unmittelbar dabei gewesen sein. Berichte von Zeitzeugen und Augenzeugen sind wichtig, sollten aber durch andere Quellen überprüft werden.

1 Frage Familienmitglieder und Nachbarn, wie sie die Maueröffnung erlebt haben.

2 Informiere dich über die Wiedervereinigung (Internet, Bücher, Gedenkstätten).

● M 1 Bilder vergleichen, Seite 6
● M 2 Informationen sammeln und verarbeiten, Seite 6

Jahrtausend-Leporello

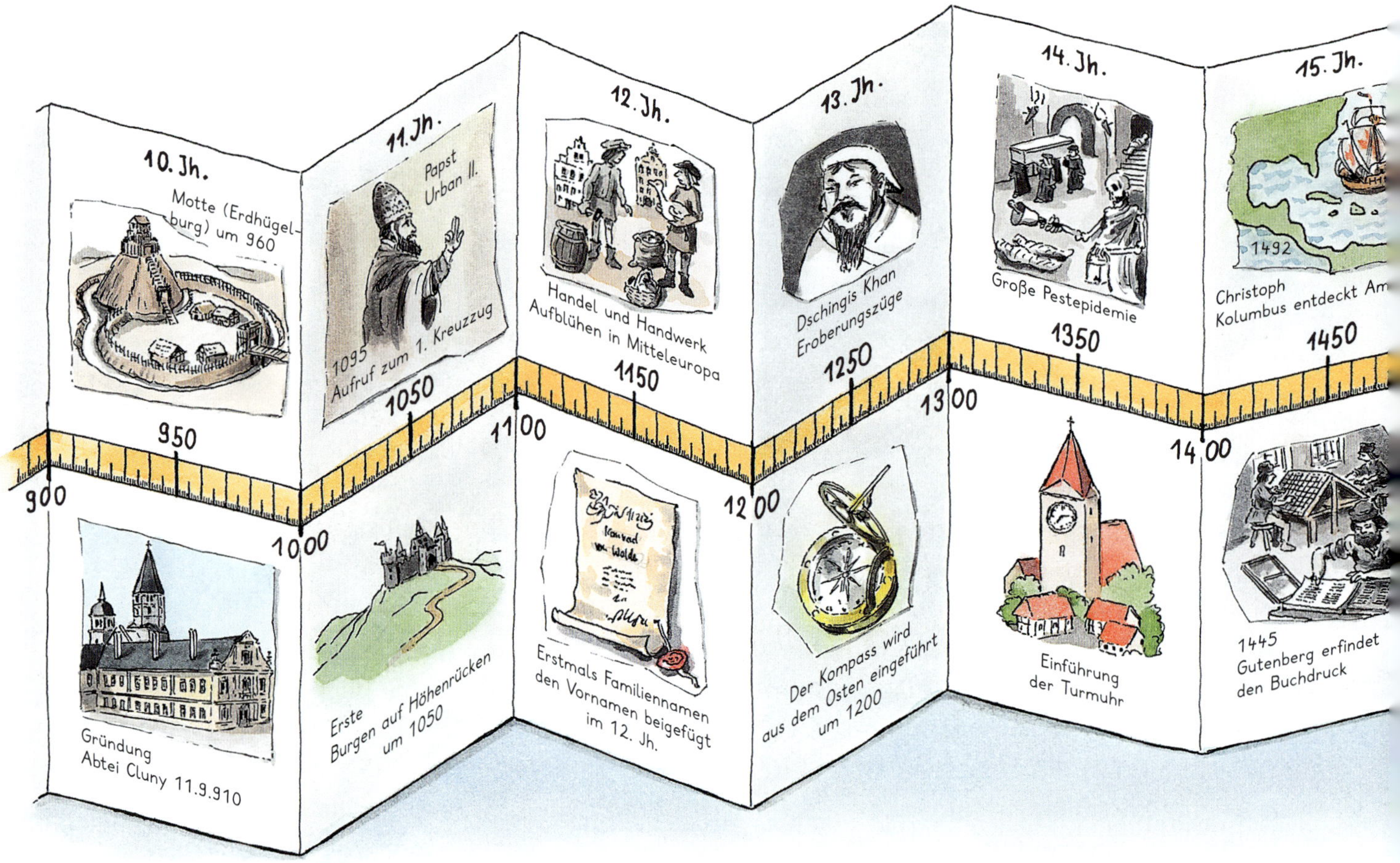

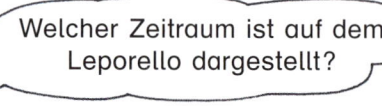

10. Jh.
Motte (Erdhügelburg) um 960
Gründung Abtei Cluny 11.9.910
11. Jh.
Papst Urban II.
1095 Aufruf zum 1. Kreuzzug
Erste Burgen auf Höhenrücken um 1050
12. Jh.
Handel und Handwerk Aufblühen in Mitteleuropa
Erstmals Familiennamen den Vornamen beigefügt im 12. Jh.
13. Jh.
Dschingis Khan Eroberungszüge
Der Kompass wird aus dem Osten eingeführt um 1200
14. Jh.
Große Pestepidemie
Einführung der Turmuhr
15. Jh.
1492
Christoph Kolumbus entdeckt Am
1445 Gutenberg erfindet den Buchdruck
900
950
1000
1050
1100
1150
1200
1250
1300
1350
1400
1450

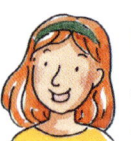

Wie kann man Zeit sichtbar machen?

Zeit kann man nicht sehen, hören oder fühlen. Die ersten Menschen erlebten Zeit als Wechsel von Tag und Nacht und durch die Jahreszeiten. Man braucht Hilfsmittel wie Uhr und Kalender, um die Zeit zu messen und zu zeigen. Eine Möglichkeit für die Darstellung von gemessener Zeit ist die Zeitleiste. Auf diesem langen Zeitband können Zeiträume aufgezeichnet werden.

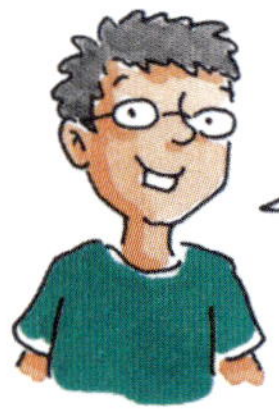

Welcher Zeitraum ist auf dem Leporello dargestellt?

Diese Zeitleiste hat als kleinste Einheit ein Jahr. Zehn Jahre sind ein Jahrzehnt, hundert Jahre bilden ein Jahrhundert. Tausend Jahre nennt man ein Jahrtausend. Jede Einzelseite des Leporellos zeigt mit dem aufgezeichneten Zeitband ein Jahrhundert.

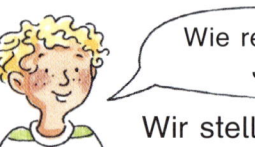

Wie rechnet man mit den Jahrhunderten?

Wir stellen die allgemein übliche Methode vor. Danach beginnt das 1. Jahrhundert im Jahr 1 und endet im Jahr 100. Am 1. Tag des Jahres 101 lässt man das 2. Jahrhundert beginnen. Es endet mit dem letzten Tag des Jahres 200. Am ersten Tag des Jahres 201 beginnt das 3. Jahrhundert. Es endet mit dem letzten Tag des Jahres 300.
Von Anfang 801 bis 900 ist das 9. Jahrhundert. Das 10. Jahrhundert beginnt im Jahr 901 und dauert bis zum Ende des Jahres 1000. Im Jahre 1001 ist seit Christi Geburt ein Jahrtausend vergangen.
Man zählt weiter: 1001 bis 1100 als 11. Jahrhundert, 11. Jh. abgekürzt geschrieben. Die Zeit von 1101 bis 1200 wird das 12. Jahrhundert (12. Jh.) genannt. Von Anfang 1001 bis Ende 2000 dauerte das zweite Jahrtausend. Wir sind jetzt im dritten Jahrtausend.

▸ Arbeitsheft: Seite 46

16. Jh.

1521
Luther
auf
dem
Reichstag
zu
Worms

17. Jh.

1618 bis 1648
Der Dreißigjährige Krieg

18. Jh.

1789–1799
Französische Revolution

19. Jh.

1816
Jahr ohne Sommer
durch Vulkanausbruch

20. Jh.

Erster Weltkrieg
1914 bis 1918

Zweiter Weltkrieg
1939 bis 1945

21. Jh.

1.1.2002
Einführung des EURO

1550   1650   1750   1850   1950   2050

1519 bis 1522
Erste Weltumseglung
durch Magellan beweist,
dass die Erde eine Kugel ist.

1600   1700   1800   1900   2000   2100

um 1600
Erfindung des
Mikroskops

1768–1771
James Cook
umrundet
die Welt

Massenauswanderung
von Europa in die USA
im 19. Jh.

3.10.1990 Deutsche
Wiedervereinigung

26.12.2004
Tsunami-Katastrophe im
Indischen Ozean

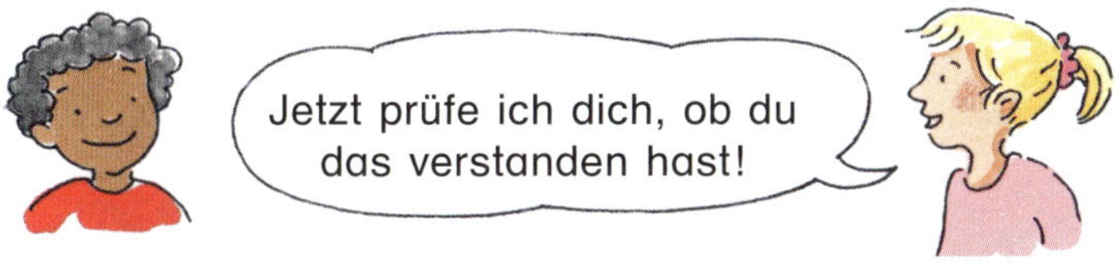

Jetzt prüfe ich dich, ob du
das verstanden hast!

1 Zeige auf dem Leporello das 15. Jahrhundert. Wann beginnt und wann endet
das 15. Jh.?

2 Welche Ereignisse sind im Leporello für
das 17. Jahrhundert eingetragen? Lies
aus der Zeitleiste die Zeitpunkte oder
die Zeitdauer ab.

3 Im Jahr 1969 betrat der erste Mensch
den Mond. Zeige diesen Zeitpunkt auf
dem Leporello.

4 In welchem Jahrhundert leben wir jetzt?

5 In welchem Jahrhundert bist du
geboren?

Ein Jahrtausend-Leporello bauen

Ihr braucht: 12 karierte Papierbögen
mit einer Einteilung für 100 Jahre,
Kleber, Pappdeckel, Papier, Texte und
Bilder zum Einkleben.

1 Klebt die Jahrhundertblätter zu
einem langen Streifen zusammen.
Verwendet einen Zentimeter am
rechten Rand als Klebefläche.

2 Faltet den Streifen zickzackförmig.
Klebt das erste Jahrhundertblatt
auf dem Pappdeckel fest.

3 Sammelt Daten und Bilder aus der
Vergangenheit. Schreibt, malt und
klebt Material auf Papierzettel.

4 Klebt die Zettel über oder unter die
Jahreszahlen. Verbindet die Jahreszahlen und Zettel mit Strichen.

Zeit: Das habe ich gelernt

In diesem Sachbuch darf nicht geschrieben oder gezeichnet werden!
Notiere daher in deinem Heft die Überschrift dieser Seite, die Nummer und den Buchstaben der Aufgabe und dahinter deine Antwort.

1 Notiere die Gruppen A–C. Streiche in jeder Gruppe den nicht passenden Begriff.

A – Scheune	**B** – Kolumbus	**C** – **Eisenbahn**
– Kapelle	– Indien	– Fürth
– Bergfried	– Afrika	– Bussard
– Mühle	– Amerika	– Adler
– Brunnen	– Seeweg	– Nürnberg

2 Prüfe die Richtigkeit der Sätze. Notiere nur die richtigen Aussagen.

D – Die Menschen wohnten in der Bronzezeit in Gemeinschaftshäusern.

– In der Bronzezeit wurden Fürsten häufig unter meterhohen Grabhügeln beerdigt.

– Durch die Beimischung von Eisen wurde Kupfer härter.

– Die Bronzezeit dauerte von etwa 2000 vor Christus bis etwa 800 nach Christus.

3 Notiere die Nummern und dazu die Namen der Bestandteile einer Burg.

E

4 Notiere im Heft zeitlich geordnet in folgender Reihenfolge: Jahreszahl, Ereignis, Bildnummer.

F

Öffnung der Berliner Mauer

Kolumbus

1835

Bronzezeit

2000 vor Chr.

1492

Erste Eisenbahn in Deutschland

1989

Gesellschaft

Die Schülervertretung plant die Neugestaltung des Schulhofes.
Überlege, wo sich die Schülervertretung für dieses Vorhaben Unterstützung holen kann.

Die meisten Möbel werden heute in Massenproduktion hergestellt.
Informiere dich über Massenproduktion.

Eine Schulklasse besucht den Bürgermeister
des Ortes. Vermutet, welche Aufgaben der
Bürgermeister hat.

● M1 Bilder vergleichen

● M2 Informationen sammeln und verarbeiten

Wir gestalten Schule mit

Dieser Schulhof soll umgestaltet werden.

Die Schülervertretung sammelt Ideen.

Vorschlag zur Gestaltung des Schulhofes.

Die Idee

„Unser Schulhof soll schöner werden". Mit diesem Motto sind die Klassensprecher der 4c, Melina und Theo, in die Schülervertretung ihrer Schule gekommen. In der Sitzung stellen sie ihre Idee vor. Da der Schulhof wirklich langweilig ist, können sie schnell die Vertreter der anderen Klassen für ihren Vorschlag gewinnen.

Die Arbeit in der Schülervertretung

Wie kann der Schulhof in Zukunft aussehen? In der Schülervertretung werden ausführlich Ideen diskutiert. Man einigt sich, jede Klasse zur Mitarbeit aufzufordern. Alle Klassen sollen sich Gedanken zur Neugestaltung des Schulhofes machen. Zur gleichen Zeit beginnt die Schülervertretung mit der Schulleitung zu sprechen. Viele Fragen sind zu klären. Ein besonders wichtiges Problem ist, wie die Umgestaltung des Schulhofes bezahlt werden kann. Die Schülervertretung beschließt, auf dem nächsten Schulfest durch attraktive Angebote Geld für das Projekt einzusammeln.

Das Schulfest

Das Schulfest ist ein großer Erfolg. Alle Klassen präsentieren ihre Ideen zur Umgestaltung des Schulhofes in Bildern und Modellen. Die Mitglieder der Schülervertretung stellen den Besuchern die verschiedenen Entwürfe vor. Die Angebote zum Spielen, Essen und Trinken werden gut genutzt. Viele Spenden werden so eingesammelt.

1 Beschreibe den Verlauf des Projektes von der Idee bis zum Schulfest.

2 Betrachte das Modell. Beschreibe die Ideen zur Gestaltung des Schulhofes.

3 Informiert euch, für welche Einrichtungen an eurer Schule Vorschläge von den Kindern gemacht werden können.

■ Zu Besuch im Rathaus, Seite 130

Der Plan wird gemacht

Zusammen mit der Schulleitung wird aus den vielen Ideen ausgewählt und ein genauer Plan erstellt.

Nur ein Teil der phantasievollen Gedanken der Schülerinnen und Schüler kann verwirklicht werden. Denn zum Plan gehört auch eine genaue Berechnung der Kosten. Diese zeigt, dass der Umbau sehr viel Geld kosten wird.

Die Gemeindeversammlung

Auch wenn auf dem Schulfest eifrig Geld gesammelt wurde: Es reicht nicht aus. Um den größeren Teil der Gelder für den Umbau zu bekommen, wird ein Antrag an die Gemeindeversammlung des Ortes gestellt. Schon zum Schulfest hatte man die Bürgermeisterin eingeladen. Als der Antrag eintrifft, ist sie bereits informiert und wirbt in der Gemeindeversammlung für das Projekt. Die Gemeindeversammlung beschließt, den Umbau des Schulhofes zu unterstützen und gibt das Geld für den Umbau frei.

Der Schulhof wird neu gestaltet

Nun kann die Arbeit auf dem Schulhof beginnen. Von der Gemeindeverwaltung ausgewählte Firmen tragen zunächst den alten Boden ab. Dann gestalten sie eine neue Landschaft. Schließlich werden einige der gewünschten Spielgeräte und Klettergeräte aufgestellt.

Nach einem Jahr wird bei einem Sommerfest der neu gestaltete Schulhof feierlich eingeweiht. Besonders glücklich sind Melina und Theo über diesen Erfolg.

4 Beschreibe die Arbeitsschritte vom Plan bis zum neu gestalteten Schulhof.

5 Informiere dich auf Seite 131 über die Aufgaben einer Gemeindeverwaltung.

6 Überlegt, was in eurer Schule oder auf eurem Schulhof verbessert werden kann.

Ein Bauplan wird erstellt.

In der Gemeindeversammlung wird der Plan diskutiert und genehmigt.

Der neugestaltete Schulhof ist fertig.

Zu Besuch im Rathaus

Die Klasse 4c macht mit ihrer Lehrerin einen Unterrichtsgang zum Rathaus. Dort haben sie ein Interview mit der Bürgermeisterin vereinbart. Die Kinder haben Fragen vorbereitet. Sie wollen wissen, welche Aufgaben im Rathaus erledigt werden.

Die Bürgermeisterin erklärt: „In der Gemeinde werden alle Dinge im Gemeinderat entschieden. Die Mitglieder des Gemeinderats werden in demokratischer und geheimer Wahl von den Bürgerinnen und Bürgern, also auch von euren Eltern, gewählt. Der Gemeinderat vertritt die Interessen der Bürgerinnen und Bürger.
Der Bürgermeister oder die Bürgermeisterin leitet nur die Verwaltung. Zur Verwaltung gehören beispielsweise die Mitarbeiterinnen und Mitarbeiter des Rathauses.
Wie die Zusammenarbeit von Gemeinderat und Verwaltung beim Umbau eures Schulhofes funktioniert hat, zeige ich euch mithilfe dieser Grafik. Ich freue mich mit euch, dass alles so gut geklappt hat.“

1 Erläutere mithilfe der Grafik den Weg vom Plan der Schule bis zur Einweihung des neu gestalteten Schulhofes.

2 Überlege dir Fragen, die du der Bürgermeisterin oder dem Bürgermeister deiner Gemeinde stellen möchtest.

Hinweis:
Für die Wahl der Gemeinderäte oder Stadträte sowie die Wahl der Bezirksverordneten gibt es in den Bundesländern unterschiedliche Gesetze.
Die Wahlperioden, der festgelegte Zeitraum, nach dem neue Wahlen stattfinden, unterscheiden sich.
Auch die Verfahren für eine Bürgermeisterwahl sind verschieden.

Der Plan der Schule geht zur Bürgermeisterin, der Leiterin der Gemeindeverwaltung.

Die Gemeindeverwaltung erstellt eine Beschlussvorlage für die Gemeindeversammlung.

Die Gemeindeversammlung diskutiert die Vorlage, stimmt ab und beschließt den Plan. Das Geld für den Schulhofumbau wird genehmigt.

Die Gemeindeverwaltung muss den Plan jetzt umsetzen. Sie beauftragt Fachfirmen, den Schulhofumbau durchzuführen.

Der Umbau ist fertig, der Bau wird überprüft. Dann wird er eingeweiht.

● M2 Informationen sammeln und verarbeiten, Seite 6

Aufgaben der Gemeinden und Städte

Clara braucht einen Ausweis. Mit ihren Eltern geht sie zum Rathaus. Sie ist mit ihrer Klasse schon dort gewesen. Aber wo man einen Ausweis bekommt, das weiß sie nicht.

Das Bürgeramt

Die erste Informationsstelle ist das Bürgeramt oder Bürgerbüro. Fast immer findest du es im Rathaus der Gemeinde. Hier kann jeder Besucher die notwendigen Informationen erhalten, an welche Stelle er sich wenden kann. Häufig gestellte Anträge werden meist im Bürgeramt selbst bearbeitet.

Clara und ihre Eltern beantragen den Ausweis im Bürgeramt. Sie bezahlen dort auch gleich die notwendige Gebühr. Nach einigen Wochen kann dann der neue Ausweis abgeholt werden.

BÜRGERAMT

- Ausweispapiere
- Führungszeugnisse Beglaubigungen
- Fundbüro
- KiTa-Ermäßigung
- Meldeangelegenheiten
- Wohngeld
- Vordrucke für das Elterngeld

1 Erläutere mithilfe des Textes und der Bildtafel einige Aufgaben der Bürgerämter.

2 Beschreibe mithilfe der Bilder unten, welche Aufgaben von Gemeinde- und Städteverwaltungen erledigt werden.

Unterschiedliche Lebensweisen achten

Murat ist ein türkischer Junge. Er lebt mit seiner Familie in Deutschland. Murat berichtet: „Die Osterferien verbrachte ich bei meinem Freund Leo. Dort erlebte ich mein erstes Osterfest. Leos Eltern gingen um 5 Uhr früh in die Kirche, um die Osternacht zu feiern. Später am Morgen weckten sie uns mit den Worten: „Der Osterhase war da und hat Ostereier versteckt!" Leo sprang gleich aus seinem Bett und zog mich hinaus in den Garten. Dort suchten wir nach Ostereiern. Zuerst kam ich mir etwas komisch vor, doch das Ostereiersuchen machte richtig Spaß."

Sina feierte am letzten Freitag bei ihrer türkischen Freundin Ayla das Zuckerfest mit. Sie erzählt: „Aylas Familie hatte lange gefastet. In ihrer Religion ist es üblich, 30 Tage lang nur am Morgen und am Abend zu essen und zu trinken. Aber diese Zeit war nun für Aylas Eltern vorbei. Aus Freude darüber wird drei Tage lang gefeiert. Die türkischen Frauen kochen Spezialitäten und die Familien laden Gäste ein. Mit Ayla und ihren Geschwistern besuchten wir noch andere türkische Familien. Überall, wo wir klingelten, bekamen wir eine Menge Süßigkeiten."

1 Spielt ein Gespräch zwischen Murat und Sina. Jeder berichtet über das neu kennengelernte Fest.

2 Informiert euch über Feste aus anderen Ländern und Religionen.

In allen Kulturen haben sich Lebensgewohnheiten und Bräuche entwickelt. Die Menschen möchten sie weiter pflegen, auch wenn sie nicht mehr in ihrer Heimat leben. Damit zeigen sie die Verbundenheit mit ihrem Kulturkreis. Menschen aus verschiedenen Kulturen können nur in Frieden zusammenleben, wenn sie gegenseitig ihre Lebensweise achten.

Übrigens

Jeder Mensch kleidet sich so, wie er sich wohlfühlt. Der eine zieht sich gerne modisch an, der andere trägt Kleidung aus seiner Heimat. Manchmal werden Menschen wegen ihres Aussehens und ihrer Kleidung ungerecht behandelt. Dies ist falsch, da Aussehen und Kleidung nichts über den Wert eines Menschen aussagen. Wir sollten für alle Lebensgewohnheiten Verständnis zeigen, sofern sie nicht gegen die Menschenrechte verstoßen oder andere einschränken.

Die Welt zu Gast bei uns

Deutschland ist ein beliebtes Urlaubsland. Es bietet eine Vielzahl an Freizeitangeboten und interessanten Sehenswürdigkeiten. Besonders beliebt sind Burgen und Schlösser. Die Gäste kommen aus allen Teilen Deutschlands, aus unseren Nachbarländern, aber auch aus weit entfernten Ländern wie Japan oder den USA. Übrigens macht es viel Spaß, ausländischen Gästen sein Land zu zeigen. Manchmal merkt man erst dann, wie schön die eigene Heimat ist. Viele Menschen aus anderen Ländern leben in Deutschland, weil sie hier einen Arbeitsplatz gefunden haben. In ihren Herkunftsländern gibt es oft nicht genügend Arbeitsplätze. Zahlreiche deutsche Unternehmen benötigen ausländische Arbeitskräfte, weil es in Deutschland nicht genügend Arbeitskräfte gibt. Diese Firmen sind froh, dass sie ausländische Mitarbeiterinnen und Mitarbeiter einstellen können. Innerhalb der Europäischen Union ist es allen Bürgerinnen und Bürgern erlaubt, in jedem Mitgliedsland eine Arbeitsstelle anzunehmen. Für manche ausländische Familie ist Deutschland schnell zu ihrer Heimat geworden. Andere Familien kehren nach einiger Zeit in ihre Heimatländer zurück.

Manche Menschen kommen als Flüchtlinge zu uns. Sie müssen ihre Heimat verlassen, weil es dort Krieg gibt oder weil sie verfolgt werden, zum Beispiel wegen ihrer Religion. Deutschland und auch viele andere Länder haben sich verpflichtet, solchen Menschen Schutz und Unterkunft zu bieten. Solange es in ihrem Heimatland für sie zu gefährlich ist, dürfen sie bei uns bleiben.

Wenn Menschen aus anderen Ländern nach Deutschland kommen, ist es für sie nicht einfach: Sie müssen unsere Sprache lernen, sich am neuen Wohnort zurechtfinden und sich mit unseren Lebensgewohnheiten vertraut machen. Deshalb sind sie auf unsere Hilfe angewiesen.

1 Nenne Gründe, weshalb Menschen aus anderen Ländern zu uns kommen.

2 Stelle dir vor, deine Familie zieht in ein anderes Land. Vermute, welche Schwierigkeiten auftreten könnten.

3 Überlegt, wie ihr fremden Menschen helfen könnt, damit sie sich bei uns wohlfühlen.

Was uns schwächt

Amir und Murat gehen in die erste Klasse. Murat holt Amir immer auf dem Weg zur Schule ab. Beide interessieren sie sich für Sammelkarten und tauschen diese oder spielen damit. Julien, Max und Can aus der vierten Klasse interessieren sich auch für Sammelkarten. Sie haben Amir und Murat schon öfter beobachtet. An einem Morgen passen sie Amir und Murat ab.

„Her mit euren Karten, ihr Zwerge. Sonst gibt's was aufs Maul."

„Das könnt ihr nicht machen", versucht sich Amir zu beschweren. Aber beide halten ihre Karten in Richtung Max, der mit erhoben Fäusten vor ihnen steht.

„Und ob wir das können", entgegnet Can, „und versucht erst gar nicht bei euren Eltern oder Lehrern zu petzen, dann stehen drei Viertklässler gegen zwei halbe Portionen." Triumphierend ziehen die drei mit den Sammelkarten davon.

Die Klasse 4a hat Felix zum neuen Klassensprecher gewählt. Er wurde vorgeschlagen und hat mit deutlichem Vorsprung gewonnen. Felix freut sich sehr über dieses Amt.

In den kommenden Wochen kümmert sich Felix gewissenhaft um seine Aufgaben als Klassensprecher. Beim Fußballspielen auf dem Pausenhof kommt es zu einem Streit zwischen Tom und Ali. Felix stellt sich vor seinen Freund Ali und sagt laut: „Tom, du hast hier auf dem Platz nichts mehr zu suchen. Ich bin der Klassensprecher und befehle dir hier zu verschwinden."

Weil Mathis kein Smartphone hat, kann er sich nicht über eine App mit anderen Kindern  verabreden. Am Anfang hat ihm sein Freund Leon immer Bescheid gesagt, dass sie sich treffen. Dann hat Mathis erzählt, dass er zu seinem Geburtstag kein Smartphone von seinen Eltern bekommen wird, sondern neue Möbel für sein Zimmer. Die anderen Kinder haben über ihn gelacht. Nun sagt ihm niemand mehr Bescheid.

1 Lest die drei Geschichten.

2 Sucht in den Geschichten nach Handlungen und Worten, die andere Menschen verletzen können.

3 Spielt die Geschichten in Rollenspielen nach. Besprecht, wie sich die Kinder in diesen Situationen wohl fühlen.

4 Überlegt euch Gründe, warum Kinder so reagieren und handeln können.

Was uns stärkt

Nicht immer geht es in der Schule gerecht und gemeinschaftlich zu. Oft müssen Kinder ein respektvolles und gewaltfreies Miteinander erst noch lernen. Jeder ist für das Zusammenleben und Lernen in der Schule verantwortlich und trägt seinen Teil dazu bei.

Viele Schulen haben zur Unterstützung Schulsozialarbeiter, die den Kindern helfen, sich allein oder in der Gruppe richtig zu verhalten und so die Gemeinschaft zu stärken.

Innerhalb einer Klasse müssen alle Kinder und die Lehrkraft gemeinsam ein gutes Miteinander erarbeiten und erhalten.
Viele Klassen führen dazu regelmäßig einen Klassenrat durch. Die Gespräche im Klassenrat laufen nach einem festen Schema ab. Jeder hält sich an die gemeinsam vereinbarten Regeln. So können Probleme und Anliegen, die alle Kinder der Klasse betreffen, besprochen werden. Gemeinsam werden mögliche Lösungen entwickelt und dann durch Abstimmen ausgewählt. Der Klassenrat kann auch genutzt werden, um gemeinsame Aktionen, zum Beispiel einen Ausflug, vorzuschlagen und darüber abzustimmen. Ein gemeinsamer Ausflug kann eine Klassengemeinschaft stärken.

Unsere Vereinbarungen

Wir akzeptieren, dass jeder Mensch einzigartig ist.

Wir wollen, dass sich jeder in unserer Gemeinschaft wohlfühlt.

Wir wollen, dass keiner ausgegrenzt und unterdrückt wird.

Wir wollen über Konflikte sprechen und gemeinsam eine Lösung finden.

Wir wollen voneinander lernen und miteinander leben.

Eine starke Gemeinschaft fängt schon im Kleinen an. Auch ein Kummerkasten, dem man Sorgen anvertrauen kann, wird helfen. Er sorgt dafür, dass Probleme von einzelnen Kindern gehört werden.

Einzelproduktion im Handwerk

Der Beruf Schneiderin oder Schneider ist ein Handwerksberuf. Schneiderinnen oder Schneider fertigen Kleidungsstücke nach Maß an. Diese Form der Herstellung, die Einzelproduktion, ist aufwendig und nimmt viel Zeit in Anspruch. Kunden, die in einer Schneiderei Kleidung kaufen, wünschen meistens etwas Besonderes. Folgende Arbeitsschritte führt eine Schneiderin oder ein Schneider durch, bevor das neue Kleidungsstück nach Maß fertig ist.

1. Kundengespräch

Die Schneiderin fragt die Kundin nach ihren Vorstellungen. Sie wählen gemeinsam den Stoff, die Knöpfe, den Schnitt und andere Bestandteile aus.

2. Maß nehmen

Die Schneiderin nimmt Maß. Mit einem Maßband misst sie die Armlänge, den Umfang der Taille, der Hüfte und die Rückenlänge und notiert die Maße.

3. Schnittmuster anlegen

Nach den Maßangaben der Kundin legt die Schneiderin ein Schnittmuster auf Papier an. Dieses wird danach auf den Stoff übertragen und die Teile werden ausgeschnitten.

4. Anprobe und Nähen

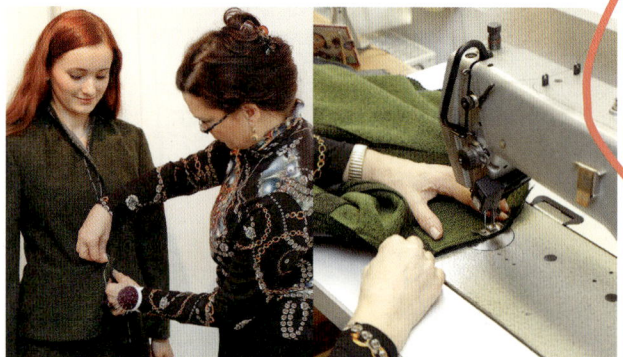

Bei der Anprobe sind die Kleidungsstücke nur leicht zusammengenäht. Die Schneiderin nimmt letzte Änderungen vor und näht das Kleidungsstück endgültig zusammen.

5. Das Kleidungsstück ist fertig

Die Schneiderin übergibt das fertige Kleidungsstück an die Kundin. Kundin und Schneiderin sind mit dem Ergebnis sehr zufrieden.

1 In welchen Handwerksberufen findet noch Einzelproduktion statt? Finde weitere Beispiele.

● **M 2** Informationen sammeln und verarbeiten, Seite 6

Massenproduktion in Fabriken

In der Textilindustrie werden Kleidungsstücke in großen Stückzahlen in Massenproduktion hergestellt. Durch die Massenproduktion können die Kleidungsstücke im Handel zu günstigen Preisen angeboten werden. Folgende Arbeitsschritte werden durchgeführt, bevor ein Kleidungsstück in unterschiedlichen Größen im Handel erhältlich ist.

1. Modedesigner entwerfen

Ein Team von Modedesignern entwirft das Kleidungsstück am Computer. Die Designer wählen die Stoffe, die Knöpfe und andere Bestandteile aus.

2. Konfektionsgrößen

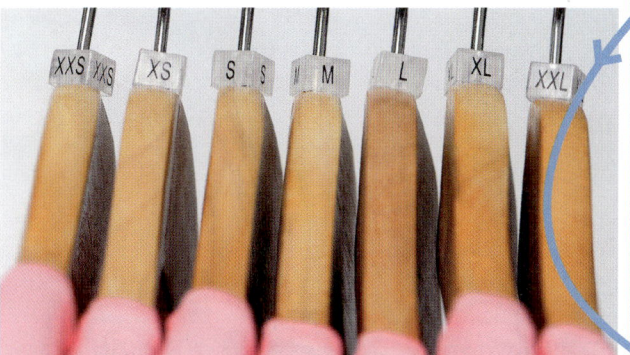

Die Entwürfe der Modedesigner werden in Einheitsgrößen (Konfektionsgrößen) übertragen. Die Schnittmuster werden digital am Computer angelegt.

3. Einzelteile herstellen

Anhand der Schnittmuster werden mit großen Maschinen die Einzelteile des Kleidungstückes ausgeschnitten.

4. Nähen

Eine Näherin oder ein Näher näht die Einzelteile zu einem Kleidungsstück zusammen. Oft wiederholen sie immer wieder den gleichen Arbeitsschritt.

5. Das Kleidungsstück ist fertig

Das Kleidungsstück ist fertig. Nachdem es verpackt und verschickt wurde, wird es in großen Mengen im Handel verkauft.

1 Vergleiche die Einzelproduktion mit der Massenproduktion.
Nenne Vorteile und Nachteile der Massenproduktion gegenüber der Einzelproduktion.

● M 1 Bilder vergleichen, Seite 5

Gesellschaft: Das habe ich gelernt

In diesem Sachbuch darf nicht geschrieben oder gezeichnet werden!
Notiere daher in deinem Heft die Überschrift dieser Seite, die Nummer und den
Buchstaben der Aufgabe und dahinter deine Antwort.

1 Schreibe die Vereinbarungen der Kinder auf. Füge die fehlenden Begriffe in die Lücken ein.

A – Wir wollen, dass sich jeder in unserer Gemeinschaft ____?____.

– Wir wollen voneinander ____?____ und miteinander leben.

– Wir wollen, dass keiner ____?____ und unterdrückt wird.

– Wir ____?____, dass jeder Mensch einzigartig ist.

– Wir wollen über Konflikte sprechen und ____?____ eine Lösung finden.

akzeptieren – ausgegrenzt – gemeinsam – lernen – wohlfühlt

2 Notiere die Gruppen B–D. Streiche in jeder Gruppe den nicht passenden Begriff.

B – Gemeinderat
– Bürgermeister
– Bürgermeisterrat
– Rathaus
– Gemeindeverwaltung

C – Schülersprecher
– Klassensprecher
– Schülervertretung
– Schulleitung
– Hausaufgabenhilfe

D – **Bürgeramt**
– Fundbüro
– Wohngeld
– Lohnamt
– Meldeangelegenheiten

3 Prüfe die Richtigkeit der Sätze. Notiere nur die richtigen Aussagen.

E – Der Beruf Schneiderin oder Schneider ist ein Handwerksberuf.
– Die Einzelproduktion nimmt wenig Zeit in Anspruch.
– Modedesigner entwerfen Kleidungsstücke.
– Die Massenproduktion ist kostengünstiger als die Einzelproduktion.
– Eine Schneiderin oder Schneider fertigt Kleidung in Einzelproduktion.
– In Fabriken werden Kleidungsstücke in Massenproduktion hergestellt.
– In der Textilindustrie werden Kleidungstücke in kleinen Mengen produziert.

4 Schreibe mithilfe der Bilder auf, welche Aufgaben von Gemeinden/Städten erledigt werden.

F  G  H  I  J

Internetführerschein

Kinder, Jugendliche und Erwachsene nutzen das Internet in vielfältiger Weise. Dabei sind Gefahren zu beachten, z. B. die Bekanntgabe von persönlichen Daten, versteckte Kostenfallen oder falsche Informationen.

Deshalb sollte jeder einen Internetführerschein machen. So lernt man, wie man sich sicher im Internet bewegt. An Beispielen wird gezeigt, wie Gefahren erkannt und vermieden werden.

Verschiedene Internetseiten sind speziell für Grundschulkinder gestaltet worden, um die sichere Nutzung des Internets zu zeigen. **www.kidsville.de/internautenstation/schule/** bietet Kurse an, die über den „Stundenplan" aufgerufen werden ①. Es gibt viele Tipps, z. B. zum Finden von Passwörtern oder zur Nutzung der Browser. Im Handbuch ② stehen Hinweise zum Schutz persönlicher Daten, zum Versenden von E-Mails und zur Vermeidung von Virenbefall auf dem Computer.

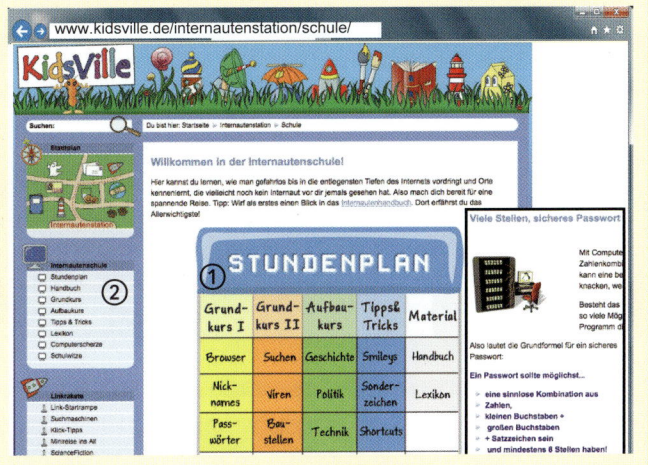

In 14 verschiedenen Übungen wird auf der Seite **www.internauten.de** der Umgang mit dem Internet erklärt. Nach jeder Auswahlfrage wird eine so genannte „Mission" ① gestartet, die genau über das Thema informiert, z. B. über Suchmaschinen für Kinder ②. Empfohlen werden u. a. **www.blinde-kuh.de** und **www.fragfinn.de**, weil die angezeigten Internetseiten oft speziell nur für Kinder gestaltet wurden und wenig oder keine Werbung enthalten.

Die Internetseite **www.internet-abc.de** bietet für Kinder, Eltern und Lehrkräfte ① umfangreiches Material zur sicheren Nutzung des Internets. In den Lernmodulen ② wird ausführlich über alle Bereiche des Internets informiert. Nach der Bearbeitung der Lernmodule bist du fit, um den Internetführerschein zu erwerben. Über Surfschein ③ rufst du die kleine oder große Variante ④ auf. Wurden genügend richtige Antworten gegeben, kann der „Surfschein" ausgedruckt werden.

1 Öffne die genannten Internetadressen. Führe die verschiedenen Übungen aus.

2 Erwirb einen Internetführerschein. Infomiere dich ständig über Änderungen.

● **M 2** Informationen sammeln und verarbeiten, Seite 6

■ Interaktiv im Internet arbeiten, Seite 140/141

Interaktiv im Internet arbeiten

Interaktiv arbeiten bedeutet, dass Informationen zwischen dem Nutzer und dem Internet ausgetauscht werden. Der Nutzer kann die Internetseite steuern. Dadurch wird selbstständiges Lernen möglich. Über **www.baumkunde.de** lassen sich auf verschiedene Weise einheimische Bäume bestimmen.

1 Bestimme den Namen von dir unbekannten Bäumen.

Bei uns leben viele verschiedene Vogelarten. Um den Namen eines Vogels zu bestimmen, werden Angaben benötigt, zum Beispiel zum Lebensraum, zur Größe oder zum Aussehen. Das Programm zeigt nach jeder Eingabe Bilder von Vögeln, auf die die Angaben zutreffen.

2 Gib in der Suchmaschine den Suchbegriff „**Online Vogelführer**" ein.

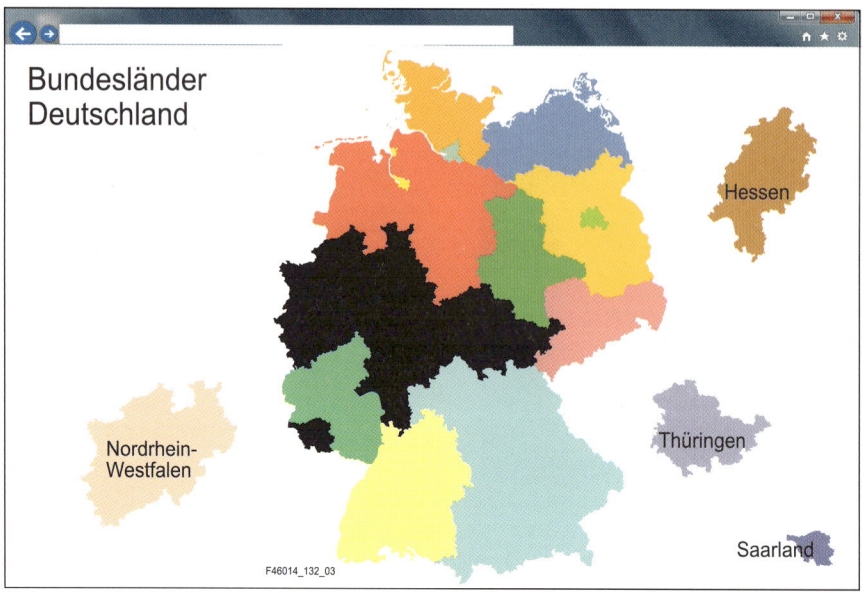

Bundesländer Deutschland

Hessen

Nordrhein-Westfalen

Thüringen

Saarland

F46014_132_03

Mit interaktiven Puzzles lernst du die Namen und die Lage der Bundesländer Deutschlands spielerisch kennen.

3 Gib in der Suchmaschine **Bundesländer geopuzzles** ein. Ziehe die Puzzleteile der Bundesländer an den richtigen Platz.

4 Öffne im Internet die Seite **www.toporopa.eu/de**. Lerne die Länder Europas kennen.

● M4 Vögel nach Merkmalen bestimmen, Seite 7

■ Pflanzen und Tiere des Waldes, Seite 14/15
■ Beobachtungen für den Naturschutz, Seite 26/27
■ Die Bundesländer, Seite 82/83

Interaktive Internetseiten stellen Informationen über Bilder, geschriebene und gesprochene Texte sowie über Filme bereit.

5 Gib in der Suchmaschine **Stadt im Mittelalter** ein. Öffne die Seite von **Planet Schule**.

6 Wähle über das Menü die Themen aus oder klicke direkt auf die Gebäude und Plätze der Stadt.

Die Funktion oder die Bedienung von technischen Geräten wird über interaktives Handeln leichter verstanden als durch das Lesen langer Texte.

7 Gib als Suchbegriff **Windfrieds Windkurs** ein. Öffne die Internetadresse.

8 Starte den Schnellkurs. Folge den Anweisungen. Lerne dabei den Aufbau und die Funktionen einer Windkraftanlage kennen.

Die Tastatur eines Computers ist das wichtigste Eingabegerät für Texte. Sehr hilfreich dabei ist es, die Lage der Buchstaben auf der Tastatur gut zu kennen.

9 Gib den Suchbegriff **Tipptrainer für Kinder** ein.

10 Klicke **Tipptrainer Calli Clever** an. Starte die erste Lektion. Übe regelmäßig.

■ Erneuerbare Energiequellen, Seite 106/107
■ Ritter und Burgen, Seite 118

Eine Präsentation am Computer gestalten

Thema der Präsentation

Die Klasse hat sich mithilfe verschiedener Medien über das Sonnensystem informiert. Die Kinder wollen einer anderen Klasse und den Eltern ihre Ergebnisse vorstellen. Mit einem Computerprogramm gestalten sie eine Präsentation, die mit einem Beamer gezeigt wird. Zuerst wird das Thema festgelegt. Die Titelseite der Präsentation ist die erste Folie. Sie zeigt die Überschrift und ein Bild.

Gliederung der Präsentation

Die Kinder haben für die Präsentation etwa 40 Minuten Zeit. Sie wollen über die Entstehung des Sonnensystems berichten und die einzelnen Planeten vorstellen.
Die zweite Folie enthält das Inhaltsverzeichnis und ein Satellitenbild der Erde.
Am linken Rand erscheinen in der Gliederungsansicht die bisher gestalteten Folien. Die jeweils aktive Folie ist umrahmt.

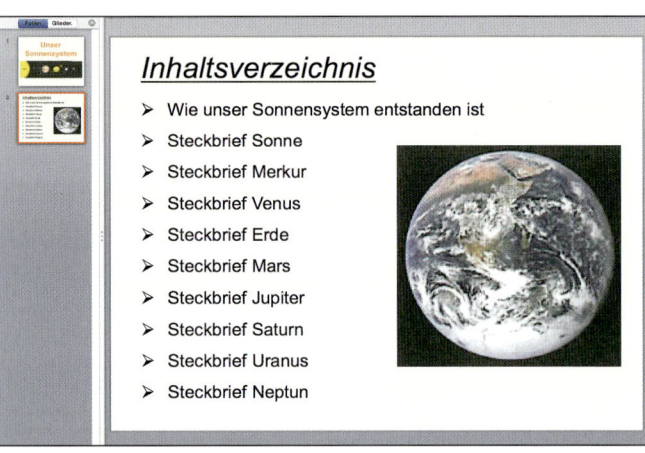

Gestaltung einzelner Folien

Für das Sonnensystem und die einzelnen Planeten wird je eine Folie angelegt. Die Kinder sammeln zuerst die Informationen. Dann erstellen sie in Gruppenarbeit ihre Beiträge. Die einzelnen Folien sollen übersichtlich gestaltet werden. Die Schrift und die Bilder müssen von allen Plätzen aus gut erkennbar sein. Nach jeder neu gestalteten Folie wird die Bildschirmpräsentation zur Kontrolle gestartet.

Start der Präsentation

Die gesamte Präsentationsfläche wird von den Folien ausgefüllt. Über die Maus- oder Steuerungstasten wird die nächste Folie geöffnet oder auf die vorherige Folie zurückgeblättert.

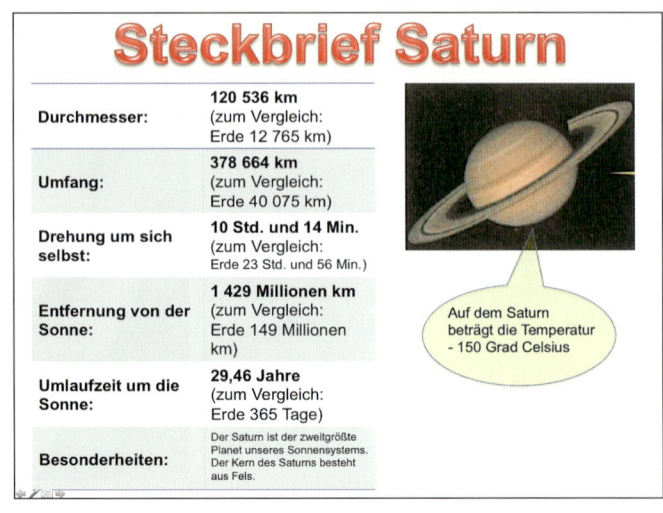

1 Gestalte eine eigene Präsentation. Denke bei der Vorbereitung an:
- Thema und Ziel – Gliederung
- Zielgruppe – Zeitrahmen
- Gestaltung – Geräte und Raum

- M 2 Informationen sammeln und verarbeiten, Seite 6
- M 3 Mit einem Lexikon arbeiten, Seite 6
- M 8 Ein Referat vorbereiten, Seite 9
- M 13 Ergebnisse darstellen, Seite 12
- Wie wir uns informieren (1), Seite 90/91
- Wie wir uns informieren (2), Seite 92/93

Pusteblume

Das Sachbuch 4

Neubearbeitung

Herausgegeben von
Dieter Kraft

Erarbeitet von
Dirk Breede
Dieter Kraft
Tim Posselt
Regina Stolte
u. a.

westermann GRUPPE

© 2019 Bildungshaus Schulbuchverlage
Westermann Schroedel Diesterweg Schöningh Winklers GmbH,
Georg-Westermann-Allee 66, 38104 Braunschweig
www.westermann.de

Druck A³ / Jahr 2022
Alle Drucke der Serie A sind im Unterricht parallel verwendbar.

Redaktion: Uwe Tönnies, Manfred Rank
Illustration: Gisela Fuhrmann, Heike Heimrich, Burkhard Kracke, Barbara Schneider
Layout: Visio Kommunikation GmbH, Bielefeld
Kartografie: Dr. Peter Güttler, Berlin
Grafik: Langner & Partner
Umschlag: Künkel – Büro für Gestaltung mit einer Illustration von Bettina Kumpe
Druck und Bindung: Westermann Druck GmbH, Georg-Westermann-Allee 66, 38104 Braunschweig

ISBN 978-3-507-**45972**-4

Fotonachweis:
|akg-images GmbH, Berlin: 108; mauritius images/Lämmel, Karl Heinrich 67. |alamy images, Abingdon/Oxfordshire: Blossey, Hans 75; Eye Risk 9, 10; Hoffmann, Oliver 63; imageBROKER 69, 106; Telesh, Sergii 29; The Picture Art Collection 120; Tolstykh, Alexander 63. |Astrofoto, Sörth: 142, 142, 142; NASA 86, 86, 86, 142; NASA/Koch 93. |BilderBox Bildagentur GmbH, Breitbrunn/Hörsching: 31. |Biosphoto, Berlin: Stoelwinder 18. |DB Museum Fotosammlung, Nürnberg: 4, 121, 121, 126. |Deutscher Verkehrssicherheitsrat e.V. (DVR) / www.dvr.de, Bonn: 47, 47. |Deutsches Museum, München: 109. |dreamstime.com, Brentwood: Ruttea, Aaron 90. |Erlebnis-Zoo Hannover, Hannover: Erlebnis-Zoo Hannover 63, 81. |fotolia.com, New York: Arnoux, Vanessa 7; Denecke, Hans Peter 97; Fisher, Rebecca 7; fotowunsch 27; Hust, Jürgen 14; LianeM 107; lofik 21; Lothi 18; photo 5000 18; Schubbel, Carola 19; Synenko, Artur 21; TrudiDesign 107; Tryfonov 91. |Franckh-Kosmos Verlags-GmbH & Co. KG, Stuttgart: Barthel/Dougalis, Was fliegt denn da? © 2016 7, 7, 7. |Güttler, Peter - Freier Redaktions-Dienst, Berlin: 1, 3, 3, 3, 8, 12, 33, 41, 50, 50, 52, 52, 53, 53, 53, 54, 56, 58, 59, 59, 59, 59, 59, 59, 59, 59, 60, 61, 61, 61, 61, 61, 61, 61, 62, 62, 64, 64, 64, 64, 64, 65, 65, 65, 66, 66, 67, 68, 69, 70, 70, 70, 71, 71, 73, 73, 74, 75, 75, 76, 77, 77, 78, 79, 79, 79, 79, 79, 80, 81, 81, 81, 81, 81, 81, 82, 83, 84, 85, 87, 88, 95, 96, 96, 96, 119, 140, 146, 147, 147, 147. |Imago, Berlin: blickwinkel 13; Viadata 92; Zuma Press 91. |Interfoto, München: imageBROKER/Michalke, Norbert 5; imageBROKER/Rosseforp 122; Mary Evans Picture Library 109; mova/König, Marko 22, 23; Sammlung Rauch 120; Science Museum/SSPL 108, 108; Science&Society 108. |Internet-ABC e.V./www.internet-abc.de, Düsseldorf: 139. |iStockphoto.com, Calgary: carrollphoto 113; emer1940 68; MarioGuti 40; pkazmierczak 66; querbeet 64; scibak 92; TT 81. |juniors@wildlife Bildagentur GmbH, Hamburg: Harms, D. 15; R.S. 23. |Keis, Heike, Rödental: 14. |Kidsville Redaktionsbüro GbR, Bielefeld: 139. |Klaes, Holger, Wermelskirchen: 118. |Kraft, Dieter, Kiel: 66, 66. |Landesamt für Denkmalpflege und Archäologie Sachsen-Anhalt, Halle: Juraj Lipták 116. |Lübke, Kurt, Kempen: 39. |mauritius images GmbH, Mittenwald: ACE 93; Birke 24; Blossey, Hans 59; Krüger, Torsten 64; Minden Pictures 23; ROSENFELD 61; Westend61 67; Westend61/Hermann, Nico 39; Westend61/Schunke, Sten 61. |Microsoft Deutschland GmbH, München: 140, 141, 141, 141. |NASA, Washington: 32. |OKAPIA KG - Michael Grzimek & Co., Frankfurt/M.: imagebroker/Robbin, Thomas 65. |PantherMedia GmbH (panthermedia.net), München: Bloch, Karl 19; Dumreicher, Ingo 22; Hahn, Corinna 70, 70; Külcü, Salih 71; Möbus, Dieter 107; Pötsch, Rolf 66; Rada, Holger 70. |phothek.net GbR, Radevormwald: Imo, Thomas 35. |Picture-Alliance GmbH, Frankfurt/M.: akg-images 109, 119; akg-images/Museum Kalkriese 69; Bildagentur Huber/Giel 15; blickwinkel/Hartl, A. 24; blickwinkel/Hecker, F. 13; Chromorange/Rose, Andreas 23; dpa 113, 123, 123, 126; dpa-Zentralbild/euroluftbild.de/Launer, Gerhard 77; dpa/Anspach, Uwe 15; dpa/Bayerische Staatsforsten 17; dpa/dpaweb/Tschauner, Franz-Peter 122; dpa/Kumm, Wolfgang 5; dpa/Vennenbernd, Rolf 29; OKAPIA KG/Da-Costa, Patrick 22; OKAPIA KG/Dagner, Gerhart 23; OKAPIA KG/Danegger, Manfred 15; OKAPIA KG/Hecker, Frank 22; OKAPIA KG/Jacobi, K. H. 23; OKAPIA KG/Martinez, Lothar 14; OKAPIA KG/Reinhard, Hans 25; OKAPIA KG/Synatzschke, G. 16; Photoshot/Coleman, Bruce 21; united-archiv 15; Wildlife/Fiedler, W. 21; ZB/Richter, Eva 122; ZB/Sauer, Stefan 17. |Satzteam Bleifrei, Hildesheim: 11. |Shutterstock.com, New York: anweber 59; geogif 74; H2O.AEK 28; Nenov Brothers Images 91; Photographee.eu 123; pil76 91; Ruggiero-York, Beth 29; Sadovski, Vadim 92; Salman, Vladimir 21; stocknadia 97. |Stadt Fröndenberg/Ruhr, Fröndenberg/Ruhr: 127. |Stiftung Jugend forscht e. V., Hamburg: 109. |stock.adobe.com, Dublin: 1xpert 86; agrarmotive 79; Alexander 69; bbsferrari 40; Belish 61; Benshot 56, 79; Bentin, Angelika 76; Blickfang 72; Bojahr, Udo 112; Borchardt, Marco 74; borisb17 64; branex 79; chesky 29; Child of nature 69, 69; Colista, Christian 81; Comofoto 74; Composer 63; contadora1999 66; Countrypixel 69; Dreadlock 72; Eppele, Klaus 29; eyetronic 68; FedotovAnatoly 137; fotobeam.de 73; fotofuerst 28; Fotolyse 67; Franz 71; Gabai, Olga 29; georgerudy 40; Hartmann, Rene 75; hecke71 61; industrieblick 61; IndustryAndTravel 71; JackF 117; Jana 79; jarek106 111; Jargstorff, Wolfgang 79; jeanma85 79; Joachim 77; Kalkhoff, Cornelia 74; Klaussner, Xaver 77; Kzenon 127; LianeM 67; linjerry 28; Marco2811 61; mmuenzl 61; Monkey Business Images 137; Morijn, Ruud 97; nd3000 137, 137; nmann77 71; Oskar 67; phive2015 112; pit24 118; pixelrecord 79; Popov, Stepan 141; pure-life-pictures 64, 73, 73; Rawald, Elisabeth 77; regulus56 24; robarto-arts 28; robert 104; Rohde, Gabriele 39, 72; Sabel, Joerg 65; sax 112; Sehringer, Hans 64; Sinuswelle 68; sokkajar 28; sp4764 65; styleuneed 79; Sühling, Stephan 68, 68; Thaut Images 40; visiopix_de 127; VRD 40; Werkmann, Bertold 28; wiw 70; zhu difeng 137; zwehren 81. |Stotz, Imke, Münster: 35. |Studio Schmidt-Lohmann, Gießen: 37, 37, 37, 37, 49, 49, 49, 136, 136, 136, 136, 136, 136, 136. |Superbild - Your Photo Today, Ottobrunn: Binder, Rainer 109. |Tönnies, Frauke, Laatzen: 2, 6, 6, 6, 12, 12, 13, 14, 16, 17, 17, 17, 17, 18, 18, 20, 20, 20, 20, 21, 21, 21, 21, 26, 26, 27, 27, 27, 33, 47, 56, 57, 57, 57, 57, 57, 59, 59, 59, 59, 59, 59, 62, 62, 62, 67, 81, 81, 93, 106, 111, 118, 140, 140, 141, 141. |ullstein bild, Berlin: imageBROKER/Michalke, Norbert 113. |wikipedia.org: 6, 6. |www.internauten.de, Berlin: 139.

Zum Schulbuch 4 erscheinen:

Lösungen + Hinweise 4	Best.-Nr.: 45980
Kopiervorlagen 4	Best.-Nr.: 45984
Materialpaket 4 auf DVD	Best.-Nr.: 45988

Ortsregister zur Karte Seite 54/55